Pasos efectivos para el crecimiento

Que Su
IGLESIA
CREZCA

SEMILLAS
DE AYUDA
PASTORAL

MIGUEL RAMIREZ S.

Que Su Iglesia Crezca
Miguel Ramírez-Sánchez

Diseño de portada: Julio Splinker
Editor: Armando Carrasco Z

ISBN: 978-0-9823282-4-8

Publicado por
Editorial Mies
Miguel Ramírez
P. O. BOX 180271
ARLINGTON, TX. 76096-0271
info@editorialmies.org
www.editorialmies.org

Si no se indica otro origen para esta traducción las citas bíblicas (en **negritas**) pertenecen a: LA SANTA BIBLIA©
Versión Reina-Valera (RV) Revisión de 1960. Se maneja Iglesia con mayúscula inicial cuando se hace referencia a la Iglesia como cuerpo universal de Jesucristo, y se usa iglesia con minúscula inicial cuando se hace referencia al cuerpo local.

Ninguna parte de este libro se puede reproducir, almacenar en ningún sistema, o transmitir en ninguna forma electrónica, mecánica, fotocopia, grabación o por cualquier otro método, sin permiso escrito del autor.

© 2009 Miguel Ramírez

Dedicatoria

A todos los siervos de Dios que tienen un genuino llamado a plantar iglesias para el extendimiento del Reino, pero que tienen fe de conversiones como en el día del pentecostés y de la ciudad de Samaria y no solamente como el eunuco en el camino a Gaza.

A todos los consiervos que creen en un avivamiento, que esperan un avivamiento y que claman por un avivamiento... porque el avivamiento está a las puertas...

Agradecimientos

A la iglesia El Divino Redentor de la ciudad de Oaxaca, lugar donde fui formado como hijo de Dios y mi primer lugar de ministerio durante mis primeros diez años. Y a su pastor pionero Cristóbal Montealegre (†) que en ese tiempo vio en mí, un potencial que yo mismo no había descubierto, y a su actual pastor; Arturo García, que siempre nos acoge en el seno de la iglesia cuando estamos allá.

A la iglesia Cristo Centro de la ciudad de Guatemala, donde Dios me permitió colaborar en el arte de la predicación y de liderazgo. Y a sus pastores en ese tiempo el Rev. Reinaldo Soto y Lorena Soto por todas las oportunidades recibidas.

A la iglesia New Life de Arlington, Tx, y a sus pastores Rev. Carlos H. Díaz y Millie Díaz, quienes creyeron en nosotros y nos demostraron su amor y sobre todo una gran paternidad.

ÍNDICE

Introducción.. 7
Capítulo 1
Algunas preguntas importantes.................................... 15
Capítulo 2
Definiciones y puntos controversiales del
Iglecrecimiento.. 21
Capítulo 3
Principios bíblicos del Iglecrecimiento........................ 35
Capítulo 4
Los principios espirituales 39
Capítulo 5
Los principios antropológicos....................................... 103
Capítulo 6
Los principios sociológicos... 133
Capítulo 7
Palabras finales... 147
Apéndice.. 151
Bibliografía.. 156

Introducción

En este tiempo cuando se habla del crecimiento de la Iglesia, es hablar de muchas cosas al mismo tiempo ya que nos hemos trasladado de la era de la industrialización a la era de la comunicación: y hoy más que nunca tenemos a nuestro alcance un sin fin de información sobre cómo plantar una iglesia, cómo evangelizar, cómo hacer crecer a la iglesia, razón de más para tratar de explicar desde un punto de vista objetivo pero sobre todo experimental el crecimiento de la Iglesia en estas últimas décadas.

Queremos iniciar diciendo sin lugar a dudas que fuera del libro de los Hechos del los Apóstoles no hay otros principios bíblicos sobre el crecimiento de la Iglesia, ya que en este libro en particular se narra la expansión de la Iglesia del primer siglo. Hoy en día hay muchos principios, entre ellos los sociales, los antropológicos, pero los bíblicos se encuentran en su totalidad en el libro antes mencionado.

Razón por de más para aclarar que una cosa son los principios, otros los métodos y otros los sistemas de crecimiento, en este caso en particular trataremos de exponer solamente los principios.

Antes que nada para fines de este estudio en particular se hace menester establecer algunos paradigmas sobre los cuales estaremos trabajando en el presente libro, razón por la que iniciaremos haciendo unas definiciones sobre algunas de las palabras en particular que estaremos utilizando en el desarrollo del presente escrito.

Principio: es aquella ley que funciona en cualquier lugar, bajo cualquier circunstancia, y en todo tiempo. Por ejemplo la ley de la gravedad es un principio que dice: que todo lo que sube tiende a caer, y no importa dónde estemos ese principio funciona siempre, dentro del crecimiento de la Iglesia encontramos los grupos de casa como un principio, algunos le llaman, grupos celulares, grupos vida, G12, etc. Pero el principio es el mismo, lo que hay que hacer es tener reuniones en casas.

Método: es cuando buscas a Dios y Él te revela la forma de aplicar los principios, en este caso en particular, los principios del crecimiento de la Iglesia. Para obtener los métodos hay que estar dispuesto a pagar el precio en la presencia de Dios para poder tener la revelación necesaria para poder aplicarlos con éxito. La falta de pagar el precio, para obtener la revelación de Dios es lo que hace que los métodos fallen. Por eso cuando tú aplicas un método que dio resultado en otra iglesia o país, a ti no te funciona porque no has pagado el precio de conocer la forma apropiada y exacta de aplicar ese principio en tu entorno particular.

Sistema: es cuando después de tener la revelación (método) para poder aplicar el principio, se comienzan a dar conferencias, se escriben libros, y se enseñan los mecanismos para poder reproducir el método aplicado en esa iglesia o nación. Es cuando ya se arma toda una estructura para poder aplicar un principio, pero es cuando muchos se dan cuenta de que hay que hacer cambios, adaptaciones y que lo que funcionó en ese lugar, ahora no funciona en nuestra iglesia, entorno y comunidad, nos damos cuenta de que no es como ellos dijeron, y por eso muchos después de participar en seminarios, cursos y conferencias se dan cuenta de que lo que aprendieron ahí, no le funciona acá.

Esto ha pasado a través de toda la historia, el problema es que el ser humano no ha entendido que Dios es creador por naturaleza y que lo que funcionó en un tiempo ahora ya es obsoleto, porque Dios se está moviendo, la nube está avanzando y Dios espera que su iglesia se mueva según el fluir del Espíritu Santo.

Por ejemplo en el concilio de Cincinnati, tres grandes denominaciones, la presbiteriana, bautista y metodista se dividieron el país de México para evangelizarlo y que de esa forma se respetarían. La iglesia bautista quedó al norte, la metodista al centro y la presbiteriana al sur del país, pero ninguno de ellos contó con el mover del Espíritu Santo que se derramó como en el día del Pentecostés en la calle de Azuza en California, en el año de 1901 donde históricamente estaba entre los estudiantes, uno de raza negra, así que surge el pentecostalismo del nuevo milenio, y ellos iniciaron una invasión evangelística en todo el territorio mexicano, llegando a la clase más baja del país, por la década de los 80's el evangelio pentecostal comenzó a resurgir en un avivamiento nacional, de tal forma que se comenzaron a formar las mega iglesias en diferentes ciudades y estados de todo el país.

En la década de los 70's el evangelio se predicaba exclusivamente entre la clase obrera y campesina, ya que literalmente se interpretaba que eran bienaventurados los pobres, y que era más fácil que entrara un camello en el ojo de una aguja que un rico en el Reino de los Cielos, pero a finales de los 80's e inicios de los 90's en la Iglesia comenzó una nueva metamorfosis, ya que ahora los hijos de los creyentes eran maestros, abogados, arquitectos, habían dejado de ser pobres y ahora conformaban la clase media, y algunos pocos la media alta, para esas alturas el 99% de los pastores de las iglesias pentecostales, eran hombres iletrados y sin ninguna o escasa preparación secular y/o bíblica y teológica. Así es que la Iglesia requería nuevos cambios, pero Dios ya estaba preparado para eso.

Una renovación de la alabanza en excelencia se había iniciado, la expansión del evangelio estaba comenzando a llegar a las diferentes esferas socio-políticas de la nación, es cuando comienza a surgir lo que después se reconoció como el neo-pentecostalismo, en donde tenía características muy singulares, tenían un fluir en el nuevo estilo de alabanza y adoración, el ministerio de la mujer comenzaba a ser tomado en cuenta (se estaba comenzando a reconocer). Y la mayoría de los pastores, eran ministros con mucho carisma, una preparación secular buena, la mayoría de ellos era profesionista, aunque cabe mencionar que muchos de ellos no tenían todavía una preparación bíblica-teológica.

A finales de la década de los 90's y en los albores del nuevo siglo comenzó la restauración del ministerio profético, no como uno de los nueve dones del Espíritu Santo, sino como uno de los cinco ministerios mencionados en Efesios, y ya en los comienzos del nuevo milenio es restaurado el ministerio Apostólico, cabe mencionar que en cada uno de estos pasos de la renovación de la Iglesia, hay siempre quienes la aceptan, quienes la promueven y quienes la rechazan y se oponen. En medio de esta gran vorágine de movimientos, surge el mesianismo, en donde muchos se han desviado de la fe, también surgen movimientos que impulsan la corriente apostólica a nivel mundial formando organizaciones en diferentes países, y teniendo reconocimientos públicos a nivel nacional como el de Guatemala, surgen con mucha fuerza los grupos G12.

Se levanta la apostasía con hombres que se declaran el Cristo, después el anticristo y ahora resulta que son la bestia, este último epíteto lo consideramos mejor. Pero en medio de todo esto también se está dando un gran fenómeno en los Estados Unidos de América, por un lado la Iglesia Bautista sigue en un crecimiento paulatino pero firme, pero al mismo tiempo organizaciones como la de Discípulos de Cristo, la Iglesia de Cristo, los metodistas e Iglesia de Dios por mencionar algunas están cerrando iglesias, por diferentes razones, pero esto es algo que en América Latina no sucede. Un caso que llamó mucho mi atención, es el caso de la Iglesia de Discípulos de Cristo, que en los 80's eran más de 4000 iglesias y para el año 2004 habían cerrado unas 2000 iglesias.

En medio de todo esto se están produciendo cambios y la Iglesia tiene que estar preparada para seguir creciendo. En la actualidad en USA hay más de 40 millones de hispanos, hay por lo menos 3 estados: California, la Florida y Texas en donde la población hispana ya ocupa más del 50% de la población total. Pero la Iglesia tradicional no está preparada para el crecimiento y expansión de la Iglesia.

Está comenzando a haber un avistamiento de un despertar de la Iglesia y de un mover de crecimiento, pero dicho movimiento todavía está en pañales. Por ejemplo la Iglesia tradicional para ordenar a sus ministros les pide que al menos tengan una maestría en teología, misionología o en alguna materia afín al ministerio; pero no se han creado los mecanismos necesarios para lograr eso.

Por un lado muchos ministros del pueblo hispano parlante no cree en la educación, por otro lado muchos de los ministros son indocumentados, razón por la que no tienen documentos elegibles en el país, y no pueden recibir ayuda financiera, además de que en su mayoría no dominan el inglés, ya que las universidades que ofrecen los cursos de licenciaturas, maestrías y doctorados sólo los tienen en inglés. Además del racismo y menosprecio que hay aún de parte del pueblo anglo hacia el hispano.

Pero ¿Por qué mencionamos esto? Porque uno de los principios claves del crecimiento de la Iglesia es el liderazgo, y mientras no se den los pasos necesarios para hacerlo, tendremos un liderazgo ineficiente y no capacitado para cumplir su trabajo en la expansión del evangelio y el crecimiento de la Iglesia.

Cuando los cambios se estaban dando en toda Latinoamérica, se comenzaron a establecer programas de actualización ministerial para el pueblo hispano pentecostal, siendo un pionero en la educación bíblica- teológica las Asambleas de Dios, ya que establecieron un programa llamado ISUM (Instituto de Superación Ministerial), donde los estudiantes llegaban a un lugar predeterminado con anticipación durante 4 semanas, y ahí recibían el beneficio de 5 materias a nivel licenciatura y trabajaban después en sus casas con los trabajos de investigación, para graduarse deberían cursar 20 materias de 20 horas de clase presencial cada una de ellas, y presentar la defensa de una tesis.

Después crearon la Facultad de Teología de las AD con sede en Springfield Mo. Pero con varios centros en América Latina, ofreciendo un programa de maestría, que se desarrollaba en 5 diferentes seminarios con 3 materias cada uno con 32 horas de clase presencial por materia. En el año 2001, también la CMC (Cruzada Misionera Continental) con sede en 17 países de América Latina creó el programa llamado SAM (Seminario de Actualización Ministerial) programa que ofrece una Licenciatura en Teología.

Pero para el año 2004 se une Fuller en representación del Dr. Carlos VanEngen, y la Universidad UNELA (Universidad Nacional de las Américas) para formar el programa conocido como PRODOLA, en donde ofrecen un doctorado acreditado para los líderes y ministros hispano parlantes, iniciando el primer seminario en la ciudad de Londrina Brasil, y ese mismo año pero en el mes de agosto inicia un programa paralelo de la universidad bautista de Dallas en el CETECA de Guatemala. Lo preocupante en estos momentos es que en USA, no se están desarrollando este tipo de programas para capacitar al liderazgo de este nuevo milenio para así poder estar a la vanguardia para el crecimiento de la Iglesia que se avecina.

Una vez presentado un breve panorama de la condición actual, pasemos a estudiar los principios bíblicos establecidos en el libro de los Hechos de los Apóstoles para el crecimiento de la Iglesia.

Capítulo 1

Algunas preguntas importantes

 Porqué algunas iglesias crecen rápidamente y otras no? ¿Será acaso que algunas tienen más recursos económicos y personales que otras? El crecimiento depende del ¿líder o de los miembros? ¿ó quizás de ambos? ¿Algunas iglesias aman más a Dios que otras y por eso han crecido? ¿Tendrá mucho que ver el tipo de programas que desarrollan o quizá el programa de oración? ¿La adoración y la alabanza son determinantes en el crecimiento de la iglesia?

Preguntas de esta índole encontramos hoy en día, y parece ser que hay pocas respuestas precisas. Muchos se están dando cuenta del crecimiento, pero muy pocos parecen poder dar una explicación a este fenómeno. La gran paradoja del Iglecrecimiento, es que los ministros que lo experimentan, no pueden determinar enfática y precisamente los factores que llevaron a un gran crecimiento a su iglesia, y los investigadores y científicos que pueden explicar tal fenómeno, no han experimentado un crecimiento en su iglesia. Por ejemplo el Dr. Donald McGavran, El Apóstol del Iglecrecimiento,[1] misionero en la India, fue un gran investigador, pero no pudo comprobar en su experiencia personal, dicho fenómeno de crecimiento.

Hoy en día todavía, no se encuentra la fórmula precisa y concreta para hacer crecer a una iglesia en cualquier parte del mundo. Pedro Wagner dice: *"El crecimiento de la iglesia es complejo. No se puede reducir a una fórmula o programa embotellado."*[2]

Los métodos aplicados en un lugar con éxito, en otro lugar distante parecen estar destinados a un rotundo fracaso. ¿Fallan los hombres al aplicarlos, los métodos no funcionan? ¿Ó cuál es la verdadera causa del fracaso?

Cada iglesia, en cada lugar ha aplicado diferente metodología, según las circunstancias que la rodean (el aquí y el ahora). Pero todas han aplicado de una forma o de otra los mismos principios establecidos en la palabra de Dios (el libro de los Hechos). El investigador Pedro Wagner en su libro Su iglesia puede crecer, nos da un ejemplo de ello: W. A. Criswell, considera que el crecimiento de la primer iglesia Bautista, en Dallas, se debe en mayor parte a la predicación expositiva [sic] de la palabra de Dios. Pero Robert Shuller raramente predica un mensaje expositivo [sic]... y su iglesia también está creciendo... James Kennedy dice que lo esencial para el crecimiento es la visita en casa, en la Florida; pero Stephen Olfor lo intentó en Nueva York y no le dio ningún resultado.

Richard Halverson, encuentra que el mejor método es el de desarrollar pequeños grupos de "Koinonía" o compañerismo, en Washington D. C. Wendell Belen del Southern Baptist Home Misión Board, sin embargo dice que dos iglesias habían <fallecido> como resultado de este tipo de <compañerismo>... Jack Hyles dice que el aumentar su escuela dominical por medio de autobuses ha fortificado a toda su iglesia. En cambio Ray Orrtlund dice que su iglesia vendió su último autobús de escuela dominical y han seguido creciendo desde entonces.[3]

De estos cuatro ejemplos en contraposición, podemos deducir que la metodología es variada y rica, dependiendo de la visión que Dios dé al liderazgo, (filosofía ministerial, metas y "ojos de Iglecrecimiento") y de las circunstancias que rodean a cada iglesia.

Afirma al mismo tiempo que los principios bíblicos son los mismos y que no cambian pese a las circunstancias.

En el desarrollo de esta investigación descubriremos que las iglesias que han ó que están experimentando el crecimiento, tienen los principios bíblicos de Iglecrecimiento, aunque diferente metodología, ya que hay muchos factores que intervienen directa e indirectamente en el crecimiento de toda iglesia, como son: el medio ambiente en que se desenvuelven, la clase social, la idiosincrasia.

El libro de los Hechos, es el mejor manual de

Iglecrecimiento que podemos encontrar, ya que tenemos al equipo completo: el investigador e historiador (Lucas) y el apóstol del Iglecrecimiento (Pablo) además de los colaboradores y testigos oculares como Juan Marcos y Silas.

Isaías 8:20 dice: *"¡A la ley y al testimonio!, y si no dijeren conforme a esto es porque no les ha amanecido"*. No importan las teorías, las hipótesis, los planteamientos, ni aún las experiencias personales (porque no podemos hacer de una experiencia personal, una doctrina). Si una ciencia o doctrina bíblica no tiene su base firme y sólida en la palabra de Dios, carece de mucha validez.

Fuera del libro de los Hechos, no encontramos principios de Iglecrecimiento, ya que el libro de los hechos narra la historia de la Iglesia primitiva y la expansión del evangelio del reino, así como el establecimiento de iglesias en todo el mundo conocido de ese entonces. En los demás libros del Nuevo Testamento encontramos un cúmulo de doctrinas, asesoría e inclusive ejemplos de iglesias crecientes e iglesias "enfermas", pero los principios están establecidos en el libro de los Hechos.

Con esta idea en mente iniciaremos el tema definiendo la palabra o la ciencia del Iglecrecimiento, además de tratar los puntos críticos o de controversia del Iglecrecimiento, para después pasar a estudiar y analizar los más de veinte principios fundamentales del libro de los Hechos que establecen la doctrina bíblica del Iglecrecimiento.

Se entiende que un principio de Iglecrecimiento es una verdad universal, que, cuando se (entiende) y aplica correctamente, contribuye al crecimiento de la Iglesia.[4]

---

[1] Juan Carlos Miranda, Manual de Iglecrecimiento, p. 9
[2] Pedro Wagner, Su iglesia puede crecer, p. 36
[3] Ibíd., PP. 36, 37
[4] Fred H. Smith, La dinámica del Iglecrecimiento, p 79

Capítulo 2

Definiciones y puntos controversiales del Iglecrecimiento

edro Larson en su libro intitulado Crecimiento de la Iglesia dice: "Iglecrecimiento es una manera de reflexionar. Es una escuela de pensamiento misionológico, que tiene afinidades y diferencias con otras misionologías."⁵ También declara; citando a Pedro Wagner: Iglecrecimiento es más que un hombre, revista, libro o seminario.⁶

Se ha relacionado estrechamente a Iglecrecimiento con Donald A. Mc Gavran, con el boletín de Iglecrecimiento y con el seminario teológico Fuller.⁷ Concluye diciendo que Iglecrecimiento es un movimiento de Dios.⁸

El Dr. Juan Carlos Miranda, citando al reglamento de constitución de la academia de Iglecrecimiento americano dice: *"Iglecrecimiento es la ciencia que investiga la implantación, multiplicación, funcionamiento y salud de la Iglesia cristiana, específicamente en lo que se relaciona con la implementación de la gran comisión de 'hacer discípulos a todas las naciones' (Mt. 28:19)."* Iglecrecimiento es simultáneamente una convicción teológica y una ciencia aplicada, tratando de combinar los principios eternos de la palabra de Dios con los conceptos de las ciencias sociales y de la conducta humana, teniendo como marco de referencia el trabajo fundamental hecho por el Dr. Donald Mc Gavran y sus colegas del seminario teológico Fuller.[9]

Él dice que su definición práctica es: *"todo lo que está involucrado en traer hombres y mujeres que no tengan una relación personal con Jesucristo, a la comunión con Él y a una membresía de la iglesia local responsable y productiva."*[10]

El mismo autor en el Boletín de crecimiento de la Iglesia, da una definición más amplia: *"Iglecrecimiento es la ciencia que investiga la naturaleza, función y salud de la Iglesia cristiana, específicamente en lo que se relaciona con la implementación de la gran comisión de 'haced discípulos a todas las naciones.' (Mt. 28:19)."*[11]

Pedro Wagner, da una definición muy parecida a la definición práctica de Juan Carlos Miranda, a la letra dice: *"Todo lo que está comprendido en traer a hombres y mujeres que no tengan una relación personal con Jesucristo, a la comunión con él y a una membresía responsable."*[12]

Con esta definición, el autor anterior enfatiza cuatro aspectos:

1. La tarea de evangelización
2. La obra de reconciliación
3. Relación personal; produce comunión con Cristo
4. Una membresía responsable en la Iglesia

Pedro Larson dice que después de escuchar a Alan R. Tippet compartiendo en sus clases en el seminario Fuller, Pasadena, California, en 1971, él lo define así: *"El crecimiento de la Iglesia involucra no sólo el desarrollo numérico o crecimiento cuantitativo de la feligresía de la Iglesia, sino también el crecimiento cualitativo o perfeccionamiento, y el desarrollo orgánico y estructural."*[13] El desarrollo de la Iglesia incluye los comienzos, establecimiento y actividad misionera de multicongregaciones o individuos y grupos que siguen y aman a Jesucristo.

Fred H. Smith dice que la ciencia del Iglecrecimiento diagnostica la salud de una iglesia, y receta un remedio para la recuperación espiritual y el crecimiento dinámico en el caso de la otra. Esa ciencia llama nuestra atención a los principios bíblicos, por medio de los cuales la Iglesia puede crecer.[14]

El énfasis de la ciencia del Iglecrecimiento según McGavran es: *"que toda persona en el mundo tenga la oportunidad de conocer a Cristo sin necesidad de cruzar barreras raciales, lingüísticas o de clases."*[15]

Podemos concluir que Iglecrecimiento nace en el corazón de Dios, se inicia con la ascensión de Cristo, es respaldado y ungido por el Espíritu Santo y es puesto en obra por medio del hombre regenerado y con visión (meta, filosofía de ministerio, ojos de Iglecrecimiento) que conoce y pone en práctica los principios fundamentales del libro de los Hechos. Para el mejor funcionamiento de la Iglesia de Jesucristo, utilizando la mejor metodología (dependiendo del aquí y el ahora) para la expansión de las buenas nuevas, bajo la unción del Espíritu Santo, con la evidencia de la glosolalia. (Hablar en otras lenguas).

El Iglecrecimiento incluye dos cosas fundamentales: el hacer discípulos y el perfeccionamiento, si entendemos discípulado como la conversión de las personas a Cristo y el perfeccionamiento como las enseñanzas que nutren a los miembros de la iglesia.

Dentro de los muchos puntos controversiales del Iglecrecimiento mencionaremos los más pertinentes para el análisis de nuestro estudio.

La primera que mencionaremos es que los propulsores del Iglecrecimiento no han experimentado de una forma vivencial los principios del Iglecrecimiento. Por ejemplo, Donald McGavran, misionero de la India, nunca pudo aplicar los principios del crecimiento de iglesias, a una iglesia pastoreada por él. Juan Carlos Miranda, si ha aplicado los principios pero con pocos resultados, ya que pastorea una iglesia pequeña que oscila entre los ochenta a ciento veinte miembros.[16]

Tampoco Pedro Wagner, que fue misionero en Bolivia ha hecho crecer alguna iglesia, por medio de la aplicación de sus principios. Pero él se defiende, arguyendo, que sus discípulos, lo han aplicado y sí han funcionado, por ejemplo: Juan Winber, aplicó los principios de Wagner en 1977 y ahora tiene una iglesia de 10,000 miembros y doscientas iglesias en todos los EE. UU.[17]

La segunda crítica que se hace al movimiento del Iglecrecimiento, es que se acusa a los propagadores de "numerolatría", y dicen: "Sólo piensan en cantidad y no en calidad", parece ser que esta crítica se hace por padecer de "numerofobia". La cantidad y la calidad, no están en polos opuestos, se complementan. Son efecto de la misma causa.[18] El mismo Señor Jesucristo nos enseña que Él no se complacía en:

Salir a pescar, sin recoger	Lc. 5:4-11
Mesas vacías en un banquete	Lc. 14:15-23
Siembra sin cosecha	Mt. 13:3
Una higuera sin fruto	Lc. 13:3-9
Una oveja perdida que no sea traída al redil	Mt. 18:11, 14
Moneda perdida que no sea encontrada	Lc. 15:8-10
Frutos maduros sin cosechar	Mt. 9:36-38
Proclamación sin respuesta	Mt. 10:14[19]

El Señor esperaba resultados concretos y buena calidad en esos resultados. Smith dice: *"Sólo existe Iglecrecimiento en el sentido puro de la palabra, cuando hay crecimiento cuantitativo y cualitativo."* El uno sin el otro da lugar a un crecimiento no muy sano en la Iglesia. Si el crecimiento es sólo cuantitativo la iglesia se convertirá nada más que en un "club social". Si sólo hay crecimiento cualitativo la iglesia se convertirá nada más en un "club espiritual."[20]

McGavran dice que hay tres razones por las que las personas se consideran ajenas a consideraciones cuantitativas y declara que no se interesan meramente en números. Esta opinión puede surgir:

1) De la estrecha limitación de la tarea cristiana que su iglesia ofrece a las poblaciones que se resisten a aceptar el evangelio: quizás ellos han trabajado por muchos años en un campo donde pocos se han convertido al evangelio. Por consiguiente, han decidido que lo esencial es testificar de Cristo y que no importa que sean unos cuantos los que lleguen a ser discípulos. Universalizan su experiencia haciéndola la regla para toda la obra.

2) De un punto de vista humanitario de la tarea cristiana. Es cuando se cree que la tarea cristiana consiste en ayudar a las personas a lograr un nivel de vida más elevado y llegar a ser ciudadanos instruidos. Entonces el número de cristianos evangélicos es de poca importancia.

3) O podría tener su base en consideraciones teológicas. Algunos cristianos creen que puesto que Cristo se interesa en la salvación del individuo, cada uno de valor infinito, el número de cristianos e iglesias no es de trascendencia. *"Cómo medir la transformación en la vida del individuo"*[21] piensan ellos.

La lógica del derrotismo dice: que una iglesia pequeña es mejor, puesto que su interés está en la calidad y no en la cantidad.[22] Postura teológicamente insostenible.

En el libro de los hechos encontramos registrados los dos tipos de crecimiento "cualitativo" y "cuantitativo", ya que el al Señor, le interesa un crecimiento normal e integral en su Iglesia.

Crecimiento cualitativo en el libro de los Hechos:

Hechos 1:14	Todos perseveraban unánimes
Hechos 2:1-4	Fueron llenos del Espíritu Santo
Hechos 2:42	Perseveraban en la doctrina de los apóstoles
Hechos 2:46	Perseveraban unánimes cada día en el templo
Hechos 4:20	No podemos dejar de decir lo que hemos visto y oído
Hechos 4:24	Alzaron unánimes la voz a Dios
Hechos 4:31	Fueron llenos del Espíritu Santo
Hechos 4:32	Eran de un corazón…
Hechos 12:24	La palabra del Señor crecía
Hechos 13:44	La palabra del Señor se difundía
Hechos 13:52	Los discípulos estaban llenos del gozo y del Espíritu Santo
Hechos 16:5	Las iglesias eran confirmadas en la fe
Hechos 17:11	Escudriñaban cada día las Escrituras
Hechos 18:8	Creyendo eran bautizados
Hechos 19:20	Crecía y prevalecía poderosamente al palabra del Señor
Hechos 21:19	Las cosas que Dios había hecho

Crecimiento cuantitativo en el libro de los Hechos:

Antes de la persecución:

Hechos 1:15	120 en número
Hechos 2:41	3, 000 más
Hechos 4:4	5, 000 hombres
Hechos 5:14	Aumentaban en gran número
Hechos 6:1	Crecía el número de los discípulos
Hechos 6:7	Los discípulos
Hechos 6:7	Muchos sacerdotes

Después de la persecución:

Hechos 8:5-25	Samaria
Hechos 9:1	Judea Galilea, Samaria
Hechos 9:32-42	Lida y Saron se convirtieron
Hechos 10:1-48	Cesárea, Cornelio, parientes y amigos (v. 24)
Hechos 11:21-26	Antioquia
Hechos 12:24	La palabra del Señor crecía y se multiplicaba
Hechos 13:43-44	Antioquia muchos… siguieron
Hechos 13:48-49	De Pisidia "creyeron todos los que estaban"
Hechos 14:20-21	Derbe – muchos
Hechos 16:5	Galacia – aumentaban en número cada día
Hechos 17:4	Tesalónica – gran número
Hechos 17:12	Berea – creyeron muchos
Hechos 18:8-11	Corinto – Tengo mucho pueblo
Hechos 28:24	Roma – algunos asentían
Hechos 28:30, 31	Recibían a todos los que venían
Hechos 21:20	Millares de judíos hay que han creído

Juan Carlos Miranda, dice que hay cuatro clases de Iglecrecimiento bíblico (en el libro de los Hechos):

Crecimiento espiritual. Hechos 2 había un crecimiento hacía arriba en comunión con Dios.

Crecimiento corporativo. 2:44 todos los que habían creído estaban juntos (Koinonía, Gr. Comunión) crecían hacía adentro.

Crecimiento social. 2:47 tenían favor con todo el pueblo, crecían hacia afuera.

Crecimiento numérico. 2:47 el Señor añadía cada día los que habían de ser salvos. En un periodo de treinta a cuarenta años aproximadamente.[23]

Recordemos que la cantidad hace el largo de la Iglesia, y la calidad el ancho, cuando usted multiplica el largo por el ancho, el resultado equivale a crecimiento integral.

Por otro lado tenemos la crítica liberal, en que declara: que el movimiento del Iglecrecimiento sólo cumple el mandato Evangelístico, pero no cumple con el mandato cultural, por medio de la acción social, olvidándose del mandato Evangelístico. Teniendo de esta forma un evangelismo de presencia, pero no de proclamación y persuasión. Juan Carlos Miranda, citando a Pedro Wagner dice: "ni el mandato cultural, ni el Evangelístico, son optativos para los hombres y mujeres que pertenecen a la comunidad del Rey, y para quienes Jesús es el Señor."[24]

El pacto de Lausana en el artículo cinco afirma: "que la acción social no es evangelismo". En 1980 en Tailandia se dijo: "esto no es para negar que la evangelización y la acción social están relacionados integralmente, sino para reconocer que de todas las condiciones trágicas de los seres humanos, ninguna es tan grande como la de estar separados de su Creador y la realidad de la muerte eterna para los que rehúsan arrepentirse y creer. Y en el artículo seis dice: en la misión sacrificial de la Iglesia, el evangelismo tiene prioridad."[25]

Recordemos también que, reconciliación con el hombre no es reconciliación con Dios, ni la acción social es evangelismo, ni la liberación política es salvación.[26]

Para comprender un poco más sobre el mandato cultural y el Evangelístico se presenta el diagrama de Pedro Wagner, de su libro "Church Growth and the Whole Gospel", citado por Miranda;[27] con unas pequeñas enmiendas, realizadas para el propósito de este libro.[28]

Soguzgad la Tierra y gobernarla
Diagrama de Mandatos

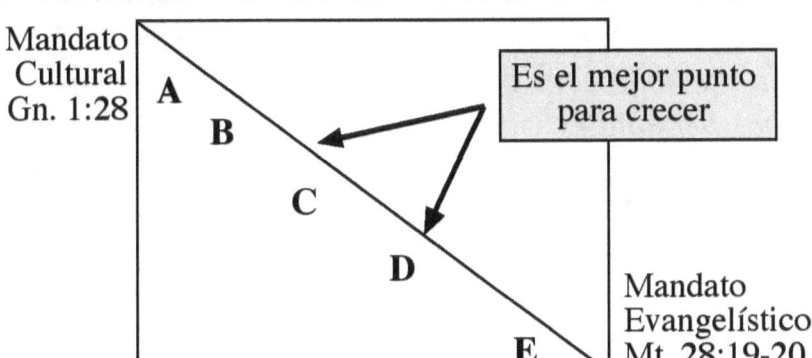

Posición A:	Mantiene que la misión de Dios incluye únicamente el mandato cultural y no el Evangelístico.
Posición B:	Mantiene que la misión de Dios incluye ambos mandatos, el cultural y el Evangelístico, pero que el cultural tiene prioridad.
Posición C:	Mantiene que el mandato cultural y el Evangelístico tienen partes iguales en la misión.
Posición D:	Mantiene que el mandato Evangelístico tiene prioridad sobre en mandato cultural.
Posición E:	Mantiene que la misión incluye únicamente en mandato Evangelístico y no el cultural.

Orlando Costas declara que el crecimiento tiene un carácter multidimensional, hace énfasis en cuatro tipos de crecimiento, el numérico, el reflexivo o conceptual, el orgánico y el de vital importancia dice el del servicio de amor.[29] Además enfatiza: *"Sin un crecimiento en la eficacia de la participación de la Iglesia en los problemas y las luchas personales y colectivas, estructurales e históricas de la sociedad, la labor evangelizadora, el desarrollo orgánico y de reflexión de la Iglesia se convierte en reducción de la misión."*[30]

Haciendo un énfasis en el mandato cultural, se saca a la luz la crítica que hace más de setenta años hiciera el finado misionólogo holandés J. C. Hoekedijk, cuando dijo: *"La misión no se realiza por la intención de la Iglesia, sino por la manifestación de la paz mesiánica, (la shalom) que se proclama en el corazón del evangelio (Kerigma), se vive en la comunión (Koinonía) y se demuestra en el servicio (diaconía)."*[31]

Esta crítica, ha sido reiterada de una u otra forma por colegas latinoamericanos como Adolfo Ham, René Padilla, Juan Luis Segundo y Gustavo Gutiérrez. El problema de esta postura (con énfasis en la acción social) es que no sabe cuando iniciar el cumplimiento del mandato evangelístico, estableciendo solamente un evangelismo de presencia.

Recordamos la declaración de la Iglesia evangélica de Bolivia: Todo ser humano que viene a este mundo… (tiene) el derecho de conocer a Jesucristo y su evangelio liberador, la Iglesia es deudora de todo hombre o mujer, (de) todo niño que viene a la existencia, por cuanto el evangelio no es una propiedad, es una mayordomía.[32]

Nunca el mandato cultural, tendrá prioridad sobre el mandato evangelístico, ya que la misión de la Iglesia es: la evangelización y la edificación. También debemos marcar la diferencia entre cristianizar (tiene efectos socioculturales) y evangelizar (es aplicar el nuevo nacimiento en las personas).[33]

Lo mejor es tener un equilibrio (cargado un poco hacia el mandato evangelístico) como se muestra en la grafica anterior ya que hay crisis en la misión integral.

La última crítica que mencionaremos (no porque no haya más, sino por cuestiones de nuestro estudio) es que el movimiento del Iglecrecimiento carece de bases bíblicas y teológicas ya que solamente tiene manchas de Biblia.

Si el Iglecrecimiento no tiene fundamento bíblico, ni teológico, puede ser un estudio antropológico, sociológico, movimiento de masas tal vez uno administrativo o quizás estadístico, pero no bíblico. Lo curioso es que el Iglecrecimiento contiene estudios antropológicos, sociológicos, estadísticos, administrativos y espirituales pero todos y cada uno de ellos es bíblico, tiene un fuerte fundamento en la eterna palabra de Dios y se mueve bajo la unción fresca del Espíritu Santo.

Si bien es cierto que la Biblia (libro de Hechos específicamente) no aparece la palabra Iglecrecimiento, no por eso deja de ser bíblico. Es como la palabra Trinidad que no aparece en la sagrada Escritura, pero esto no quiere decir que las tres personas de la Trinidad, no estén implícitas o explícitas en toda la Biblia (desde Génesis hasta Apocalipsis).

[5] Pedro Larson, Crecimiento de la iglesia, p. 18
[6] Pedro Wagner, Christianity Today, p. 129 Escribió el artículo titulado: "Church growth: More than a man, a magazine, a school, a book".
[7] Larson, Op. Cit, p. 18
[8] Larson, Loc Cit.
[9] Miranda, Op. Cit. p. 11
[10] Ibíd., p. 11
[11] Juan Carlos Miranda, Llamemos las cosas por su nombre, En boletín de crecimiento de la iglesia p. 129
[12] Wagner, Op. Cit. p. 12
[13] Larson, Op. Cit, p. 22, 23
[14] Smith, Op. Cit, p. 16
[15] Donald McGavran, Understanding Church Gronth. P. 27
[16] Comentario de Fernando Figueroa, (ya que el visitó la iglesia de Juan Carlos Miranda) En la facultad de teología, de Lima Perú (Febrero de 1994).
[17] Comentario de Max Rivera, (Profesor, en la Facultad de Teología de las Asambleas de Dios en A. L.) En Lima Perú, Febrero de 1994.
[18] Miranda, Op. Cit, p. 17
[19] Ibíd., p. 18
[20] Smith, Op. Cit, p. 22
[21] Donald, McGavran, El crecimiento de la iglesia en México, p. 17, 18
[22] Ibíd., pp. 19, 20
[23] Miranda, Op. Cit, pp. 14-16
[24] Ibíd., p. 35
[25] Ibíd., pp. 42, 43
[26] Ibíd., p. 159
[27] Ibíd., p. 37
[28] Comentarios y enmiendas hechas por el profesor Max Rivera y el grupo de estudiantes de la Facultad de Teología en el V Seminario, en Lima Perú, Febrero de 1994.
[29] Orlando Costas, Misión, p. 10
[30] Ibíd., p. 11
[31] Loc. Cit.
[32] Ibíd., p. 10
[33] Comentario hecho en clase, por el profesor Max Rivera, Lima Perú, Febrero de 1994.

Capítulo 3

Principios Bíblicos de Iglecrecimiento

En el ocaso del siglo pasado y en los albores del nuevo, se ha dado un fenómeno sobrenatural, que es el crecimiento de las iglesias de una forma acelerada, es por ello que se hace pertinente y necesario, ir al manual por excelencia (la Biblia), para conocer los principios de tal fenómeno para así poder aplicarlos efectivamente en el desarrollo y crecimiento de la Iglesia. Smith dice:

"No hay un sólo principio que garantice el crecimiento, de su iglesia. Los principios tienen que usarse en conjunto. Un principio es muy diferente a una metodología. La metodología no produce nada si no se aplica sobre la base de un principio. Los principios son universales, mientras que la metodología son formas autóctonas de aplicar los principios."[34]

Un principio de Iglecrecimiento es una verdad

universal (aplicable a cualquier gente) que, cuando se entiende y aplica correctamente, contribuye al crecimiento de la Iglesia.[35] Nótese el énfasis en tres fases:

1) Verdad universal: es como la ley de la gravedad, que es una verdad universal que es funcional en cualquier parte de nuestro planeta. De igual forma el principio del Iglecrecimiento como verdad universal es aplicable a cualquier iglesia en cualquier parte del mundo, sin importar raza, lengua o clase social.

2) Entiende: ¿Entiendes lo que lees? Le preguntó Felipe al eunuco en el camino a Gaza. De igual forma los principios del Iglecrecimiento que tienen un período de casi dos mil años de existencia, necesitan ser bien comprendidos.

3) Aplica correctamente: Hay un refrán que reza de la siguiente manera: "todos los caminos llegan a Roma". Pero esto no sucede con un principio, ya que si no se aplica correctamente, no va a dar los resultados esperados.

La prioridad del estudio es demostrar que los principios del Iglecrecimiento son bíblicos y como inherente a este concepto es una verdad universal. En segundo lugar haremos énfasis en la explicación de este principio. ¿En qué consiste? ¿Cómo es? y ¿Cómo funciona? y en tercer lugar daremos las pautas necesarias; no la metodología precisamente (ya que ello depende del aquí y el ahora) para que al aplicar este principio de un resultado al treinta, y al sesenta o al cien por ciento es nuestro máximo deseo.

Solamente por cuestiones de estudio, hemos dividido en tres grandes secciones los principios bíblicos del Iglecrecimiento a saber: Los principios espirituales, los antropológicos y los sociológicos. Tomaremos como base las divisiones hechas por Smith,[36] aunque no estarán en el mismo orden, ni los mismos puntos, aún en la primera división hemos cambiado la definición o nominación, que él hace a esta división. Ya que según el presente estudio, todos los principios del Iglecrecimiento son bíblicos.

---

[34] Smith, Op.Cit, pp.79-140
[35] Loc. Cit.
[36] Smith, Op.Cit, p. 79-140

Capítulo 4

Los Principios Espirituales

Dios *quiere el crecimiento.*

Dios está más interesado aún que nosotros mismos en que su Iglesia crezca. El quiere que las ovejas perdidas se busquen y se lleven al redil[37] (Mt.28:18-20; Mr.16:15; Lc. 24:46-49; Jn.20:21-23; Hch.1:8; Ro.10:14; 15:18-21) Cuando dio el mandato de la gran comisión, no solamente se estaba refiriendo a la evangelización como proclamación solamente, sino al perfeccionamiento (enseñanza) y crecimiento de la Iglesia. Smith lo afirma al declarar: *"La meta fundamental de la evangelización en el Nuevo Testamento es doble: (1) formar cristianos responsables y reproductivos y (2) formar congregaciones responsables y productivas."*[38]

Miranda los dice en su forma muy particular: *"La base del evangelismo es la Biblia. El corazón del evangelismo es Jesucristo (Hch.11:20). El poder del evangelismo es el*

Espíritu Santo (Hch.1:8). El resultado del Evangelismo es el crecimiento de la Iglesia (Hch.11:21); Los heraldos del evangelismo son los laicos (Hch. 8:35)."[39]

Los términos bíblicos de la gran comisión, según Smith nos dan más luz sobre la voluntad de Dios, que Él quiere que su Iglesia crezca.

Mateo 28:19 (Panta Ta Ethene)[40] literalmente significa: todas las naciones. Muchos peritos de la Biblia dicen que esta frase se refiere a los gentiles y no a los judíos.

Marcos 16:15 (Te Ktisel)[41] significa: a toda creación, incluyendo a los judíos en la gran comisión.

Hechos 1:8 (Hatou Tes Ges)[42] hasta lo último de la tierra.[43]

Todas estas frases nos aclaran que la obra de la Iglesia es proclamar el evangelio a todos los seres humanos, en todas partes del mundo, y como consecuencia lógica la iglesia crecerá. McGavran lo expresa de la siguiente manera: *"Es requisito necesario para un mayor crecimiento de la iglesia una "conexión vital" entre cristianos y mundanos, y nada logra establecer esta conexión con mayor efectividad que una continua corriente de conversiones de personas antes cautivas del mundo."*[44] Analizando el libro de los Hechos, desde el primer capítulo nos damos cuenta que el propósito de Dios es el crecimiento de la Iglesia.

Hechos 1:8 *"Me seréis testigos en Jerusalén, en toda Judea, en Samaria, y hasta lo último de la tierra."*

El propósito de Dios, era que su Iglesia fuera testigo de Él, (diera testimonio) en todo el mundo.

Pedro, en Hechos 2:8, declara que la promesa del Espíritu Santo era para los judíos, para sus hijos... y para cuantos El Señor nuestro Dios llamare. Él dice categóricamente que el Señor Dios necesita llamarlos. Con este pensamiento denunciamos que Dios está interesado en hacer crecer a su Iglesia.

Hechos 2:47 *"El Señor añadía cada día los que habían de ser salvos"*. En otras palabras podemos decir que Dios hacía que la Iglesia creciera cada día.

En Hechos 4:13, Pedro dice: "El Dios de Abraham... ha glorificado a su hijo; (v. 16) "y por la fe en su nombre... ha dado a éste completa sanidad en presencia de todos vosotros".

Todos conocemos el caso de la curación del cojo del templo la Hermosa, pero el efecto de esta sanidad, trajo como consecuencia el crecimiento de la Iglesia.

Hechos 4:4 *"Pero muchos de los que habían oído la palabra, creyeron; y el número de los varones era como de cinco mil"*.

Hechos 6:7 *"Y crecía la palabra del Señor, y el*

número de los discípulos se multiplicaba grandemente en Jerusalén; también muchos de los sacerdotes obedecían la fe". Conforme la palabra era predicada, los discípulos se multiplicaban y por ende la Iglesia crecía (aumentaba en cantidad y calidad).

Cuando Samaria "recibió la palabra de Dios" Hechos 8:14, por medio de Felipe (Hechos 8:12). *"Se bautizaban hombres y mujeres"*. Aquí la Iglesia ya se estaba multiplicando en iglesias hijas. Recordemos que Dios quiere el crecimiento de la Iglesia en todo el mundo. Más adelante cuando estudiemos acerca de la filosofía del ministerio y las metas, analizaremos más específicamente el sistema de expansión de la Iglesia primitiva. Bástenos por el momento entender que el primer principio del Iglecrecimiento es que uno debe saber y creer que Dios quiere el crecimiento de su Iglesia.

El poder del Espíritu Santo.

El fin último de todo acontecimiento dentro de la Iglesia es el poder del Espíritu Santo. Nada podemos hacer si no es por la gracia que Él nos imparte y Su poder,[45] y mucho menos podemos llevar a cabo el crecimiento espiritual que Dios mismo estableció para su Iglesia sobre la tierra. Melvin L. Hodges[46] en su libro El crecimiento de la Iglesia dice: *"El crecimiento de la Iglesia está profundamente acelerado, por el derramamiento del Espíritu Santo; porque renueva el esfuerzo misionero y Evangelístico, esto se ve en que la mayoría de las iglesias que han crecido son de extracción pentecostal. Y los que no lo eran, han recibido la llenura del Espíritu Santo antes de su crecimiento acelerado."*[47]

El pastor de la iglesia Metodista experimental, "Casa de vida y paz" (la segunda iglesia más grande de Durango en 1990), dice: *"Ningún método funciona, si el Espíritu Santo no lo revela, no lo impulsa y no recibe Dios toda la gloria. Nada funciona sin el poder motivador del Espíritu Santo de Dios."*[48] Alan Walker en su libro intitulado Mirad como crecen dice: *"Las circunstancias no son determinantes, si no la fuerza motriz del Espíritu Santo."*[49] Y nos da el ejemplo viviente de ocho iglesias en diferentes partes del mundo que bajo diferentes circunstancias han logrado en poco tiempo un crecimiento sumamente grande:

Crecimiento a pesar de:

Alemania	Iglesia metodista de la Paz; en medio del ateísmo
Alabama	Frazer M; a pesar del cambio de local en 3 ocasiones
Ghana Nte	Iglesia local; a pesar del analfabetismo, la pobreza
Baltimore	Iglesia de Vieri; a pesar de la discriminación racial
Noruega	Bethel; a pesar del enfriamiento de los hermanos
Zimbabwe	I. de Larvick; en medio de la violencia de la guerra
Sudáfrica	I. de Kambuzuma; en medio de un pueblo dividido
Cabo Flats	Iglesia local en medio de un pueblo inmigrante
Australia	MC Wesleyana; en medio de la ciudad más grande[50]

Como podemos darnos cuenta, había iglesias de blancos, de negros, con problemas entre los hermanos, en el área rural y en la zona urbana; con local fijo y sin local estable, pero cada una de ellas tuvo un denominador común: El derramamiento del Espíritu Santo, lo que redundó en el crecimiento integral de cada una de las iglesias anteriormente mencionadas.

Analizando el nacimiento, crecimiento y expansión de la Iglesia en el libro de los Hechos nos daremos cuenta que fue el Espíritu Santo, quien en todo tiempo movió a la Iglesia (sus miembros y sus líderes).

Hechos 1:2	Jesús dio mandamientos a sus apóstoles por el Espíritu Santo.
Hechos 1:4, 5	Que no se fuesen de Jerusalén hasta recibir la promesa del Padre.
Hechos 1:8	Recibiréis poder; cuando haya venido sobre vosotros el Espíritu Santo
Hechos 2:4	Fueron todos llenos del Espíritu Santo
Hechos 2:16	Esto es lo dicho por el profeta Joel
Hechos 2:17	Derramaré de mi Espíritu sobre toda carne
Hechos 2:18	Derramaré de mi Espíritu y profetizarán

Como resultado del cumplimiento de esta promesa, Pedro se pone en pie y tres mil personas se añadieron a la Iglesia (Hechos 2:42). En su segundo mensaje cinco mil varones, sin contar mujeres, ni niños se agregaron a la Iglesia (Hechos 4:4), además de esto el Señor añadía cada día a los que habrían de ser salvos.[51]

Hechos 4:8	Pedro lleno del Espíritu Santo
Hechos 4:31	Fueron llenos del Espíritu Santo (otra vez) para hablar con denuedo la palabra del Señor
Hechos 4:33	Con gran poder, los apóstoles daban testimonio
En Hechos 6:3	Los primeros diáconos fueron elegidos siendo un requisito indispensable ser lleno del Espíritu Santo

De los siete diáconos por lo menos hay registro de dos que comenzaron a predicar la Palabra. Esteban (Hechos 6:8-10) y Felipe (Hechos 8:4-13) que llegó a establecer la iglesia en Samaria, y después le arrebató el Espíritu Santo para predicar en Azoto, hasta Cesárea (Hechos 8:39-40) llegando a ser reconocido como evangelista (Hechos 21:8).

Aún el testimonio que se da de Cristo en el libro de los Hechos (Hechos 10:38). Es que Él obró todos los milagros y sanidades por medio del Espíritu Santo, si Él no lo hubiera hecho bajo la unción del Espíritu Santo sería una falacia tratar de hacer las cosas que Él hizo y aún mayores, como el mismo declaró. (Juan 14:12).

Para llevar el evangelio a los gentiles, el Espíritu tuvo que hablar directamente a Pedro (Hechos 10:19) confirmando después su perfecta voluntad al derramarse sobre Cornelio, sus familiares y amigos (Hechos 10:44, 45).

Después en Hechos 13:1-3; vemos que es el mismo Espíritu Santo quien escoge a los primeros misioneros para ir a los gentiles.

En el capítulo 16:6-7; vemos que el Espíritu Santo no les permite ir a Asia ni a Bitinia, pero los dirigió a Macedonia, en donde entraron en Filipos la primera ciudad de la provincia de Macedonia, en donde el Espíritu Santo abrió el corazón de Lidia para que recibiese la palabra (Hechos 16:11-14).

Una pregunta inmediata a los nuevos creyentes es ¿recibisteis el Espíritu Santo cuando creísteis? (Hechos 19:2). Para los discípulos, ser lleno del Espíritu Santo era un suceso casi inmediato al nuevo nacimiento, además de ser necesario; lo vemos por ejemplo en Samaria (Hechos 8:14-17), como también en Efeso (Hechos 19:1-6).

Fred Smith dice: *"La presencia y actividad del Espíritu Santo es fundamental para todo tipo de crecimiento de una iglesia."*[52]

En conclusión podríamos citar todo el libro de los Hechos como prueba de este principio, incluso hay quienes en lugar de llamar a este libro "Los Hechos de los apóstoles" prefieren llamarlo "Los Hechos del Espíritu Santo."[53]

Nunca la Iglesia hubiera podido crecer, si el Espíritu Santo no se hubiera derramado sobre los discípulos. Es lo único que da poder para ser testigos (Hechos 1:8). Esto también lo podemos constatar a través de la historia de la Iglesia, nunca se ha producido un avivamiento, ni un crecimiento dentro de la Iglesia, fuera del mover del Espíritu Santo.[54]

Pedro Wagner (aún sin ser pentecostal) declara: *"En general, las iglesias pentecostales han crecido a un promedio significativamente superior al de casi cualquier otra clase de iglesias en la América Latina."*[55] El prejuicio ha impedido que muchos creyentes no pentecostales aprendan las valiosas lecciones sobre la evangelización eficaz en Latinoamérica que los pentecostales pueden impartirle.[56] Los pentecostales mismos atribuyen el mérito del crecimiento de la Iglesia a las operaciones del Espíritu Santo.[57]

Si hacemos un estudio retrospectivo del crecimiento de la Iglesia en la América Latina, nos daremos cuenta que el establecimiento de nuevas iglesias o el crecimiento sobrenatural de los mismos se debe al mover indiscutible del Espíritu Santo a pesar de la oposición, opresión y muchas veces persecución y aún en muchos casos pagaron con su muerte; pero el Espíritu Santo los llenó de valor y denuedo para seguir proclamando el mensaje del evangelio (Hechos 4:24-31).

Pedro Wagner nos da varios ejemplos de este suceso (el derramamiento del Espíritu Santo) en varias de las iglesias en la América Latina.

En 1909, el movimiento pentecostal llegó a Chile cuando el pastor de la iglesia Metodista Willis C. Hoover, misionero norteamericano que había estado pidiendo en oración que su iglesia en Chile experimentara el poder de las iglesias descritas en el libro de los Hechos, recibió como de Dios la visión de un siervo que le había dicho:

"que reuniera a los creyentes más espirituales de la congregación, porque el tenía el propósito de bautizarlos con lenguas de fuego". Como resultado: los pecados ocultos fueron traídos a la luz y confesados. Hubo conversiones de paganos endurecidos, porque el Espíritu Santo descendía con extraordinario poder.[58]

Aquella iglesia, que luchara por su existencia, comenzó a crecer. La asistencia a la escuela dominical alcanzó a 365 en Julio, 425 en Agosto, 525 en Septiembre y 900 personas en Noviembre.[59]

A pesar del crecimiento, se levantó una feroz oposición contra Hoover y los miembros de su iglesia. A fines de 1909 se habían formulado acusaciones oficiales contra él. En 1910 inauguró cultos separados y fundó la iglesia Metodista Pentecostal. Según algunos cálculos la membresía para 1972 de dicha iglesia asciende a unos 750,000 mientras que la iglesia Metodista que no dio lugar a tal manifestación del Espíritu Santo contaba sólo con 4000 miembros.[60]

En Argentina los primeros misioneros pentecostales llegaron en 1909, afiliándose en 1914 a las Asambleas de Dios, pero a pesar de haber trabajado con dedicación y ahínco, más de 40 años de ministerio habían producido solamente 174 miembros adultos de la iglesia para el año de 1951.[61]

Los misioneros se sentían desanimados. Gran parte de su labor parecía haber sido realizada en vano. Oraron por algo más, necesitaban un derramamiento del Espíritu Santo de Dios, nuevo y extraordinario.

En 1952, en la ciudad de Tallahassee, Florida, un evangelista de 44 años recibió una visión mientras oraba. Un mapa de América del sur se presentó vívidamente ante sus ojos y hombres y mujeres con la mano en alto que clamaban diciendo: venga, hermano Hicks, ¡venga y ayúdenos![62]

Tom Hicks interpretó esto como una visión de Macedonia. Desde ese momento en adelante supo que Dios quería que fuera a Sudamérica. Estudios recientes realizados sobre la Iglesia en Argentina, han revelado la importancia crucial de la campaña que realizó Tommy Hicks en 1954. Arno Enns, denomina a la campaña de Hicks, *"un acontecimiento soberano de Dios, de decisiva importancia."*[63]

El libro intitulado Avance evangélico en la América Latina dice lo siguiente: *"Muchos evangélicos de la República Argentina, ya estén de acuerdo con la teología de Hicks o no, admiten de que sus reuniones quebrantaron la rígida resistencia Argentina al testimonio evangélico."*[64]

Con esta campaña todos los evangélicos se beneficiaron, pero particularmente los pentecostales comenzaron un rápido crecimiento que los ha constituido hoy en el grupo más numerosos de protestantes de la Argentina.[65]

Lo mismo sucedió en Brasil con el emigrante italiano que había recibido el bautismo en el Espíritu Santo y había hablado en lenguas en 1907.[66]

En 1969 cuando se publicó el exhaustivo estudio denominado Avance Evangélico en América Latina, uno de los descubrimientos que sorprendió a muchos observadores fue que el 63.3% de todos los protestantes latinoamericanos eran pentecostales de una clase u otra.[67] Esta proporción ha aumentado sin duda desde 1969 y es probable que en la actualidad sea muy superior a los dos tercios.

Los pentecostales constituyen o bien la iglesia más numerosa, o la agrupación natural más grande de iglesias en el Brasil, Argentina, Chile, Perú, Ecuador, Colombia, Panamá, El Salvador, Honduras, México,[68] y aún en cada país de América Latina.

Wagner dice: *"La fuerza dinámica básica que produce el crecimiento pentecostal en la América Latina es el poder del Espíritu Santo."*[69]

Willis C. Hoover, escribió: *"Creo que el verdadero secreto de todo esto consiste en que verdaderamente creamos en el Espíritu Santo, verdaderamente confiamos en él, verdaderamente lo honramos, verdaderamente lo obedecemos, verdaderamente creemos en la promesa que figura en Hechos 1:4, 5 y en Joel 2:28, 29 es para nosotros."*[70]

Esto, también es confirmado en la actualidad en Argentina con el ministerio de fe y poder del reverendo Omar Cabrera (Fundación Visión del Futuro) y su esposa Irma en el ministerio radial y televisivo "Ondas de Amor y Paz" y con el "Mensaje de Salvación", en el ministerio del evangelista Carlos Anacondia.[71]

En el libro Iglesias mexicanas hoy y mañana, del estudio de casos de crecimiento, vemos ejemplos como el del Centro Cultural Calacoaya, el Centro de Fe, Esperanza y Amor, de la Iglesia Cristiana Genezareth, Iglesia Cristiana de México y las Asambleas de Dios.[72]

Cabe mencionar también a Amistad Cristiana de Puebla, el Castillo del Rey de Monterrey, el Salvador de periférico en Oaxaca, los cuales al igual que las anteriores (de la ciudad de México) tienen un denominador común: un fuerte mover del Espíritu Santo.

En una encuesta que realicé personalmente en la ciudad de Durango, las dos iglesias más grandes y otras escogidas al azar, se pudo obtener el siguiente resultado en cuanto al bautismo en el Espíritu Santo:

Las dos escogidas al azar (no están en crecimiento constante), solamente del quince al treinta por ciento de los miembros, están bautizados con el Espíritu Santo con la evidencia de (la glosolalia) hablar en otras lenguas. Mientras que en la primera iglesia de las Asambleas de Dios, del pastor Carrasco, entre el ochenta y el ochenta y cinco por ciento de los miembros han sido bautizados con el Espíritu Santo con la evidencia de (hablar en otras lenguas) la glosolalia. Lo mismo pasó con la iglesia Metodista "Casa de vida y paz" en donde el 85% de sus miembros son bautizados con el Espíritu Santo.[73] A continuación presentaremos la gráfica para ilustrar mejor el concepto:

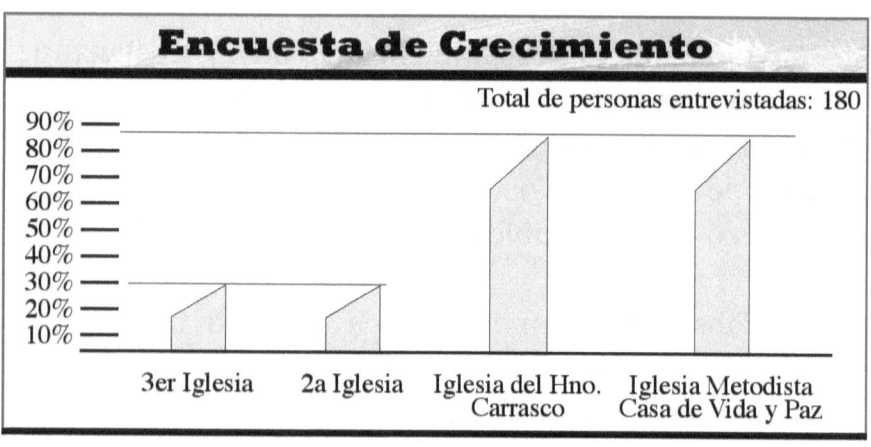

Gráfica: De porcentajes, de miembros bautizados con el Espíritu Santo en cuatro diferentes iglesias de Durango.

Lo mismo sucedió con otras cuatro iglesias de la ciudad de Oaxaca, dos de ellas tradicionales que hace diez años eran setenta miembros y cincuenta en otra y hoy son ochenta en las dos, solamente el tres por ciento afirma ser bautizado con el Espíritu Santo. Mientras que las otras iglesias "Bethel" y "el Salvador" hace diez años eran ochenta y hoy en día tienen un promedio de aproximadamente quinientos miembros en la escuela dominical, en donde ambos afirman que aproximadamente el noventa por ciento de sus miembros son bautizados en el Espíritu Santo.

Resultado de la Encuesta

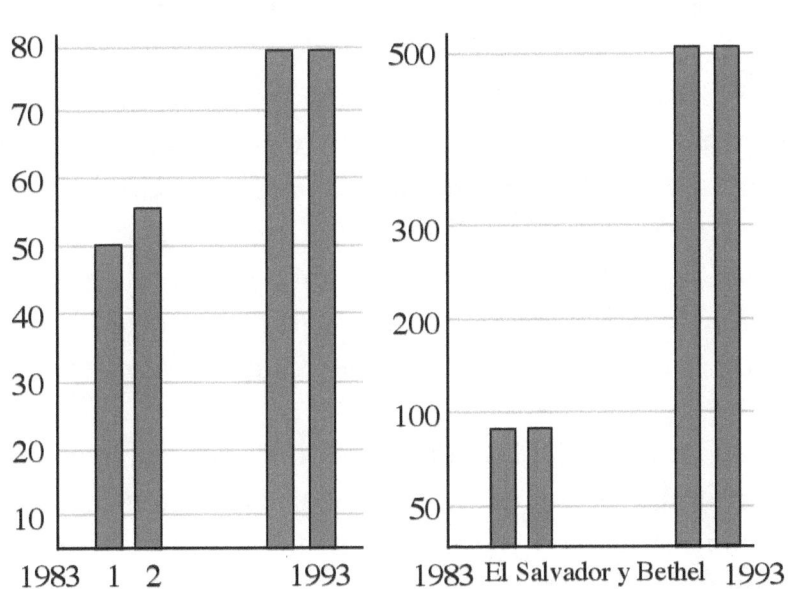

Iglesia tradicional

T.C.D.= 60% La 1
33% La 2

T.C.D.= 525% Las 2

PTCA= 20% Las 2

Además, la iglesia "El Salvador" tiene ocho misiones y "Bethel" cincuenta y dos, mientras en las otras iglesias la primera tiene dos y la segunda no tiene ninguna.

Sin lugar a dudas el Espíritu Santo es un principio sin el cual el hombre no podrá lograr el verdadero crecimiento de una iglesia, aunque ponga en práctica los demás principios.[74] Sólo en el poder del Espíritu Santo podemos ser instrumentos efectivos para el Señor.

Pedro Larson (un Bautista) reconoce la necesidad imperiosa del Espíritu Santo en el crecimiento cuando declara: *"El poder sobrenatural del Espíritu Santo, el poder de lo alto, la dinámica de Dios que produce el crecimiento es una parte integral de la teoría y práctica de los que afirman Iglecrecimiento. Dios en la persona del Espíritu Santo provee poder para todo verdadero crecimiento."*[75]

Donald McGavran, dice que los pentecostales hicieron una gran contribución al crecimiento, ya que rompieron cinco barreras infranqueables hasta ese tiempo:

La primera barrera que se rompió fue la de la tutela de las juntas misioneras, de donde reciben sostén y ayudas económicas. Pero los pentecostales predican sin dicha cobertura.

La segunda barrera que se ha evitado es el institucionalismo insaciable e inconexo. Los pentecostales salvaron esta barrera sin darse cuenta de ella. Su tarea era ganar almas para Cristo y establecer iglesias y esto lo consiguieron, no tenían dinero para instituciones auxiliares ni misioneros preparados para establecerla, y además no veían la necesidad de ellos...

La tercera barrera ha sido la oposición a la nacionalización. No tenían un método, ni aceptaban una proyección cultural del Norte. Sencillamente trasplantaron el árbol de la cultura mexicana al interior de sus templos.

La cuarta barrera y por cierto muy difícil de deshacer, es la del sostén propio del ministerio, hicieron hincapié del diezmo.

La quinta barrera fue la resistencia de las clases sociales. Muchos misioneros interpretaban su tarea, como la de evangelizador a las clases educadas y con este fin trataban de establecer relaciones amistosas con ellos. Pero las iglesias pentecostales principiaron siendo iglesias de las masas y conforme Dios los prosperaba iban formando parte de la clase media.[76]

Eso se notó inmediatamente en las estadísticas presentadas por el reverendo Gustavo Velasco, gerente de la Casa Bautista de Publicaciones, en agosto de 1962 en donde se declaraba que había doscientos setenta y cinco mil setecientos protestantes en el país cuando eran treinta y tres millones de mexicanos, de los cuales ciento cuarenta y seis mil eran pentecostáles y ciento veintinueve mil setecientos eran de otras denominaciones.[77] Lo que dice que más del cincuenta y cinco por ciento de la iglesia protestante es pentecostal.

McGavran en su libro intitulado "Principios del crecimiento de la Iglesia", dice que la quinta razón por la cual la Iglesia crece es que el Espíritu Santo llena a los líderes de la iglesia, y lo confirma, cuando declara que la iglesia "Discípulos de Cristo" en Puerto Rico creció porque había experimentado un avivamiento al derramarse el Espíritu Santo.[78]

Sin lugar a dudas, la autoridad bíblica, histórica y académica, aún sin importar su corriente teológica, afirman y confirman que todo el crecimiento de la Iglesia, tiene un principio sólido: "El mover del Espíritu Santo".

Con solamente este principio pudiéramos elaborar todo un trabajo de tesis, pero terminaremos solamente con un último aspecto de suma importancia, la evidencia de hablar en otras lenguas, como señal del bautismo en el Espíritu Santo. Analizaremos para tal fin los cinco casos en que se presenta el bautismo en el Espíritu Santo en el libro de los Hechos.

En Jerusalén: Hechos 2:1-4 *"Fueron todos llenos del Espíritu Santo y comenzaron a hablar en otras lenguas"* entre los judíos.

En Samaria: Hechos 8:14-18 *"Vio Simón, que por la imposición de las manos de los apóstoles, se daba el Espíritu Santo."* ¿Qué fue lo que vio Simón si no había una manifestación?

En Damasco: Hechos 9:17-19 Encontramos el caso de Saulo de Tarso en donde Ananás le dice: *"...El Señor Jesús... me ha enviado para que recibas la vista y ser lleno del Espíritu Santo..."* En este pasaje no dice que Saulo hubiere hablado en lenguas, pero en 1 Corintios 14:18, declara: *"Doy gracias a Dios que hablo en lenguas, más que todos vosotros."* Lo cual confirma que las lenguas vienen como evidencia del bautismo del Espíritu Santo.

En Cesárea: Hechos 10:44-48 *"El Espíritu Santo cayó sobre los que oían el discurso,... porque oían que hablaban en lenguas"*... sobre los primeros gentiles.

En Efeso: Hechos 19:1-6 *"...Vino sobre ellos el Espíritu Santo; y hablaban en lenguas."*

Dos formas de recibir el bautismo del Espíritu Santo

Obra sobrenatural de Dios (El hombre no interviene)		
Jerusalén	Judíos	Hechos 2:1-4
Cesárea	Gentiles	Hechos 10:44-48
Imposición de manos (Por medio de hombres ungidos)		
Samaria	Pedro y Juan (Apóstoles)	Hechos: 8:14-18
Damasco	Ananías (Instrumento utilizado)	Hechos 9:17-19
Éfeso	Pablo (Apóstol a los gentiles)	Hechos 19:1-6

Como podemos darnos cuenta, la evidencia de la glosolalia se hace manifiesta en cada uno de los cinco casos registrados. Otro aspecto que nos enseñan estos casos, es que hay solamente dos formas de recibir el bautismo con el Espíritu Santo.

No vamos a hacer una exégesis completa sobre cada caso del bautismo en el Espíritu Santo registrado en el libro de los Hechos. Para un mejor estudio sobre el bautismo en el Espíritu Santo, hay muchos libros que se han escrito al respecto. Lo único que queremos recalcar es que a través de la historia bíblica, eclesiástica y experimental (porque la iglesia no está desasociada de la historia ya que se ha dado en un tiempo y espacio determinado) dan evidencia invaluable de que el Espíritu Santo ha estado activo y presente en cada uno de los fenómenos del crecimiento de la Iglesia, en cualquier parte del mundo, y en todos los tiempos, razas y épocas.

Sea que los líderes de las iglesias en crecimiento lo reconozcan o no lo reconozcan, lo puedan explicar o no, podemos declarar sin lugar a dudas que el Espíritu Santo (con la evidencia de la glosolalia) ha sido la fuerza motriz de todo el crecimiento de la Iglesia, desde su inicio, hace dos mil años, hasta ahora, el siglo presente.

La sanidad, la liberación, los dones, y la obra de poder

Este principio está muy ligado al anterior, pero queremos tratarlo como un punto aparte, porque tristemente muchas iglesias con membrete "pentecostal", no tienen una experiencia personal con el Espíritu Santo como pasó en la Argentina en el caso anteriormente mencionado[79] o como sucedió en el caso investigado en la ciudad de Durango[80] en donde de las cuatro, tres eran llamadas pentecostales y en dos de ellas solamente del quince al treinta por ciento de sus miembros tenían una experiencia personal con el Espíritu Santo.

El reverendo Norman Parish dice que las obras sobrenaturales del Espíritu Santo son el visto bueno de Dios al mensaje, dado por el hombre. *"Si no suceden milagros, conversiones, sanidades o liberaciones cuando proclamamos el Kerigma de Dios debemos sospechar que algo malo está pasando con nuestro ministerio."*[81]

Pedro Wagner, dice que: Tommy Hicks predicó durante cincuenta y dos días con una asistencia total que se calcula en dos millones... los cuales eran típicamente pentecostales, destacándose con prominencia la sanidad divina.[82]

Más adelante lo afirma cuando hace la siguiente declaración: *"La diferencia de grado significa sencillamente que los pentecostales tienden a recalcar el Espíritu Santo en su predicación, su culto, su conversación, sus cánticos, sus escritos, más que otros evangélicos."*[83]

En el libro de los Hechos, desde el principio del primer capítulo, vemos que el Espíritu Santo da poder; que se hace manifiesto por medio de señales, prodigios y maravillas lo que redunda en el crecimiento de la Iglesia.

Hechos 1:8 *"Recibiréis poder... para ser testigos"*, el Espíritu Santo da evidencia clara, patente y visible que Dios nos ha enviado.

En Hechos 2:22 Se da testimonio que el mismo Jesús fue un varón aprobado por Dios porque hubo señales y prodigios y maravillas.

En Hechos 3:1-10 Vemos que Pedro recalca, ni oro, ni plata, no tengo, pero lo que tengo te doy. Con respecto a este pasaje:

Se cuenta que Tomás de Aquino el famoso teólogo de los católicos, llegó a visitar al Papa y lo encontró contando el dinero. El Papa le dijo: Ya ves, Tomás, no podemos decir como decía San Pedro ¡No tenemos plata, ni oro! Y Tomás de Aquino contestó: tampoco podemos decir como dijo él: levántate y anda.[84]

Como resultado de ello, cinco mil hombres se convirtieron en nuevos cristianos sin contar a las mujeres, ni a los niños (Hechos 4:5). Recordemos que casi siempre por lo regular son más mujeres que varones, así que sin temor a exagerar creemos que ese día por lo menos se convirtieron alrededor de diez mil personas como mínimo.

En Hechos 5:12-16 vemos que los apóstoles hacían señales y prodigios, y todos eran sanados y liberados de opresión demoníaca, y como una incrustación de diamante en medio del oro, recalca: *"Y los que creían en el Señor aumentaban más, gran número, así de hombres como de mujeres."*

Esteban, el primer mártir de la Iglesia, también fue instrumento en las manos de Dios, para hacer *"grandes prodigios y señales"* entre el pueblo (Hechos 6:8).

Después en el capítulo 8 vemos a Felipe otro de los diáconos haciendo señales, *"porque de muchos que tenían espíritus inmundos, salían estos dando voces y muchos paralíticos y cojos eran sanados"* (v. 6, 7). Y como resultado muchos hombres y mujeres creyeron en el mensaje de Jesucristo y se bautizaban, la Iglesia creció, porque una nueva congregación se estableció en Samaria (v. 12).

En el capítulo 9:32-35, Pedro sana a un paralítico y como respuesta a este milagro, todos los de Lida y de Sarón, se convirtieron al Señor.

Más adelante en Jope, Hechos 9:36-43, Dios vuelve a utilizar a Pedro para resucitar a Dorcas y dice *"que muchos creyeron en el Señor"* (v. 12).

Cuando Pablo inicia su primer viaje misionero en Hechos 13:6-12, vemos que dictamina un juicio divino contra un mago llamado Elímas, dejándolo ciego, y *"entonces el procónsul, viendo lo que había sucedido creyó..."* (v.12).

Cuando llegan a Iconio dice que "el Señor daba testimonio a la palabra de su gracia, concediendo que se hiciesen por la mano de ellos "señales y prodigios" (Hechos 14:3).

En Listra también llegan con el poder del Espíritu

Santo y sana un cojo de nacimiento (Hechos 14:8-10).

Regresando de su primer viaje misionero, Lucas el escritor lo resume así: *"Refirieron cuán grandes cosas había hecho Dios con ellos, y cómo había abierto la puerta de la fe a los gentiles"* (Hechos 14:24-28).

El Espíritu Santo tenía el control absoluto de todo, de tal forma que le impide ir a Asía y a Bitinia pero los dirige a Macedonia (Hechos 16:6-10).

Al llegar de Filipos (Hechos 16:16-18), liberaron a una joven con espíritu pitónico, como consecuencia fueron a la cárcel y estando ahí Dios obró *"abriendo todas las puertas y soltando las cadenas de todos"* (v. 19:27). Todos sabemos que el carcelero y toda su casa se convirtió (v. 29:34).

En Corinto Pablo estuvo un año y seis meses. Después cuando les escribe la carta, él declara: *"Y ni mi palabra, ni mi predicación fue con palabras persuasivas de humana sabiduría, sino con demostración del Espíritu y de poder"* (1 Corintios 2:1-5).

En Éfeso en su tercer viaje misionero (Hechos 19:1-22), Pablo estuvo dos años, y declara el texto sagrado, "que hacía Dios milagros extraordinarios por mano de Pablo (v. 11. 12)..." Y los espíritus salían.

Ya para terminar el libro de los Hechos en el capítulo 28:1-10, vemos a Pablo en la isla de Malta. Es librado de la muerte por la picadura de serpiente y Dios lo utiliza para sanar al padre de Publio, el principal de la isla, que tenía fiebre y disentería. También otros de la isla fueron sanados de diversas enfermedades (v. 9, 10).

Por todo el mundo conocido de ese entonces, el poder del Espíritu Santo, por medio de señales y prodigios, formaba parte integral del crecimiento y establecimiento de nuevas iglesias. Es interesante notar que la gran comisión no incluye acción social, ni obra social, pero si establece como una señal el echar fuera demonios (se llama acción de liberar).

La liberación hasta hoy en día ha sido una doctrina poco conocida y poco practicada, pero fue parte del Iglecrecimiento de la Iglesia primitiva y de la predicación del Evangelio del Reino. Por lo tanto analizaremos brevemente a la luz de la palabra esta doctrina.

La primer premisa que queremos establecer es que es una doctrina establecida y practicada por Cristo mismo. En Marcos 1:21-28, encontramos a Cristo en el inicio de su ministerio y los que lo vieron dijeron: *"¿Qué nueva doctrina es esta, que con autoridad manda a los espíritus inmundos, y le obedecen?"* (v. 27). No es una doctrina nueva, ni mucho menos establecida por alguna organización.

En Lucas 4:18-20, encontramos el plan de trabajo, presentado por Cristo:

Plan de Trabajo de Cristo	
Me ha ungido para dar buenas nuevas	Predicación del evangelio
Sanar a los quebrantados de corazón	Sanidad interior
Pregonar libertad a los cautivos	Mensaje de liberación
Vista a los ciegos	Sanidad física
A poner en libertad a los oprimidos	Ministración de liberación
A predicar el año agradable del Señor	Mensaje de salvación

Como podemos darnos cuenta la liberación tiene dos partes: el mensaje o enseñanza y la práctica o aplicación.

La segunda premisa es que Cristo la practicó mucho:

Marcos 1:34	"...Y echo fuera muchos demonios"
Marcos 5:1-12	"Sal de este hombre, espíritu inmundo"
Marcos 12:28	"...Pero si yo por el Espíritu de Dios echo fuera los demonios..."
Marcos 15:21-28	"...Mi hija es gravemente atormentada por un demonio..."
Marcos 17:14-21	"...Y respondió Jesús al demonio..."
Marcos 8:16, 17	"...Y con la palabra echo fuera a los demonios..."
Mateo 9:32-34	"...Y echando fuera el demonio..."
Hechos 10:38	"...Y sanando a todos los oprimidos por el diablo..."

Cristo dedicó el 30 % de su ministerio a ministrar liberación, echando fuera demonios de las personas, ya que por lo que vemos en las escrituras algunas de las enfermedades son producidas por demonios.

Por ejemplo la sarna de Job (Job. 2:7), la mudez (Mateo 9:32-33), la mujer encorvada que tenía espíritu de enfermedad (Lucas 13:10-16), la fiebre (Lucas 4:38, 39); ahí encontramos que "reprendió a la fiebre", no oró por sanidad, sino que la liberó, y la demencia (Marcos 5:1-14). No estamos diciendo que todas las enfermedades son producidas por demonios, pero sí muchas de ellas.

La tercera premisa es que: Cristo dio autoridad a sus discípulos para practicarla y ellos la pusieron por obra.

Mateo 10:1	"...Entonces llamando a sus doce discípulos, les dio autoridad sobre los espíritus inmundos, para que les echasen fuera..."
Marcos 3:13-19	"...Y estableció a doce... y que tuviesen autoridad para sanar enfermedades y para echar fuera demonios..."
Marcos 6:7-13	"...Después llamó a los doce... y les dio autoridad sobre los espíritus... y saliendo, predicaban que los hombres se arrepintieran. Y echaban fuera demonios..."
Lucas 10:17	"...Volvieron los setenta con gozo diciendo: Señor, aún los demonios se nos sujetan en tu nombre..."

La cuarta premisa es que la iglesia primitiva o Novotestamentaria la practicó.

En Samaria	Felipe la practicó. Hechos 8:6-8, "porque de muchos que tenían espíritus inmundos, salían estos dando voces"...

En Chipre	Pablo se enfrenta a Barjesús y lo deja ciego (Hechos 13:6-12)
En Filipos	Pablo echa fuera el espíritu pitónico de una muchacha (Hechos 16:16-18).
En Éfeso	Donde Pablo estuvo por espacio de dos años (Hechos 19:10-12), practicó la liberación... "Y los espíritus malos salían"... "Y muchos de los que practicaban la magia quemaron sus libros" (Hechos 19:19).

Para la iglesia primitiva no fue desconocida la doctrina de la liberación.

La quinta premisa es que la liberación es parte de la gran comisión y el cumplimiento de la palabra de Dios. En Marcos 16:15-18 vemos que dice: "...Id... y predicad el evangelio... y estas señales seguirán a los que creen: En mi nombre... echarán fuera demonios..." y en el versículo 20 leemos: "...Y ellos saliendo, predicaban en todas partes... y confirmando la Palabra, con las señales que la seguían. La liberación es una señal que debe seguir al creyente.

Ahora en Mateo 8:16, 17 vemos: *"...Trajeron a él muchos endemoniados; y con la Palabra, echó fuera los demonios... para que se cumpliese lo dicho por el profeta Isaías, cuando dijo: El mismo tomó nuestras enfermedades, y llevó nuestras dolencias."* (Lucas 4:17-21; Hebreos 4:12, 13; Isaías 53:4).

La sexta premisa es que la liberación sólo puede ser practicada efectivamente con la unción del Espíritu

Santo. Por ejemplo, los discípulos fallaron en el caso del muchacho lunático, porque todavía no habían sido bautizados con el poder del Espíritu Santo (Mateo 17:14-16). Ellos sólo tenían el grado de autoridad que Jesús les había dado.

En el libro de los Hechos, tenemos el caso de los exorcistas ambulantes que intentaron ministrar liberación y salieron desnudos y heridos (Hechos 19:13-16). Esto afirma que los únicos con autoridad para ministrar liberación son los hijos de Dios bajo la unción del Espíritu Santo.

Es curioso notar que de los nueve dones del Espíritu Santo mencionados en 1 Corintios 12:7-10, para ministrar liberación se hacen necesarios cinco dones:

Discernimiento de espíritus: que detecta la presencia del enemigo. (Lv. 10: 9, 10; He. 5:14; Ez. 44:22, 23). Pablo discernió que en la joven operaba un espíritu pitónico (Hechos 16:18) desagradando a Pablo. Él mismo discernió que Barjesús era un hijo del diablo, (Hechos 13:10) "Lleno de todo engaño y de toda maldad, hijo del diablo". Jesús discernió que la fiebre de la suegra de Pedro era causada por el enemigo, (Lc.4:38,39); "reprendió" a la fiebre. También discernió que un "espíritu diferente" al Espíritu Santo operaba en Jacobo y Juan; y que un "espíritu de enfermedad" producía la encorvadura en la mujer, (Lc.13:10, 11, 16).

Palabra de conocimiento o de ciencia: revela lo que la persona no ha querido confesar. (Hechos 5:1-11) relata el caso de Ananías y Safira que trataron de mentir por influencia de Satanás, pero el Espíritu Santo le reveló la verdad a Pedro (Juan 4:18). A Pablo también le fue revelado por el Espíritu Santo que Simón el mago estaba atado en hiel de amargura y era un prisionero de maldad (Hechos 8:22,23).

El don de fe: En Mateo 17:19-20 los discípulos preguntan: ¿Porqué nosotros no pudimos echarlo fuera? Y Jesús les dijo: Por vuestra poca fe... "Este genero no sale sino con oración y ayuno"... (v.21). Se necesita fe (creer) en la palabra de Dios para ministrar liberación.

Don de operación de milagros: (Marcos 9:38, 39). Cada caso de liberación en un milagro, porque es efectuado por la obra sobrenatural del Espíritu Santo de Dios (Hechos 8:6, 7).

Don de sanidades: Las mujeres que servían a Jesús habían sido "sanadas" de espíritus inmundos (Lc. 8:1,2). También la hija de la mujer cananea, fue "sanada" desde aquella hora (Mt.15:21-28), y lo que ella necesitaba era liberación.

La Iglesia primitiva tuvo el poder del Espíritu Santo, el cual se vio manifiesto por medio de sanidades, liberaciones, milagros, maravillas y obras sobrenaturales. Por ejemplo: la libertad de Pedro (Hechos 12:6-12), el terremoto en Filipos (Hechos 16:25-29), resurrecciones como la de Dorcas (Hechos 9:36-42), como la joven en Troas (Hechos 20:7-12); todo lo cual redundó en el crecimiento numérico (cantidad) y espiritual (calidad) de la iglesia.

La séptima y última premisa es que la Iglesia que ministra liberación y sanidad crece más rápidamente que otras. Pedro Wagner dedica todo un capítulo a este tema en su libro "Cuidado ahí vienen los pentecostales".[85] Él dice: *"Después de hablar en lenguas, la sanidad divina parece ser el punto más susceptible de tensión entre los pentecostales y no pentecostales en la América Latina."*[86]

En Guayaquil, Ecuador, la realidad de la sanidad divina tomó a muchos creyentes por sorpresa... pero fue un factor decisivo en el bautismo de 1500 creyentes y la fundación de siete nuevas iglesias en el periodo de diez semanas.[87]

El pastor Roberto Aguirre había invitado al evangelista Roberto Espinoza. Ninguno de los pastores le quiso apoyar. Los dirigentes de la Iglesia Cuadrangular se pusieron tristes y nerviosos, pero Dios comenzó a respaldar. El propietario de una estación radioemisora local, un día antes de comenzar la actividad, ofreció transmitir la campaña completamente gratis. El había experimentado la sanidad divina.

La primer noche asistieron mil personas. Espinoza oró por los enfermos y cuatro sordos fueron sanados y doce que padecían hernias. La asistencia a la segunda noche alcanzó a diez mil y se elevó a veinte mil para fines de la primera semana. Y antes que finalizara la cruzada, el número de personas de pie se calculaba entre treinta y cinco mil y cuarenta mil personas.[88]

Por lo tanto, es necesario comprender el papel que juega la oración por los enfermos, si queremos descubrir la dinámica del Iglecrecimiento de las iglesias pentecostales de la América Latina.

Los no pentecostales se sienten inclinados a decir ante esta u otras manifestaciones del Espíritu Santo, "tal vez prediquen alguna clase de sanidad corporal espectacular, pero crea una dicotomía que quizás sea beneficiosa para fines de polémica, pero que para los pentecostales pasa desapercibida. No existe la menor duda en la mente de los pentecostales que conozco, que la eterna dimensión de la salvación del alma tiene una prioridad superior que la dimensión transitoria de la sanidad del cuerpo."[89]

La liturgia de muchas iglesias pentecostales abarca la fe para la sanidad como algo rutinario. En la iglesia Jotabeche, de Chile, la oración por la sanidad se lleva a cabo después del culto principal.[90]

Wagner citando a Edward Murphy,[91] que ha llevado a cabo investigaciones especiales para la iglesia "Brasil para Cristo", él estaba presente en un culto durante el cual Manuel Demelo despidió a todos los enfermos con excepción de uno y dijo: "no he despedido a este hombre a propósito". Le afecta un serio problema. Es ciego. Está enfermedad es del diablo. Sé que el Señor Jesucristo le está sanando en este momento. Está siendo sanado."

Wagner continua citando a Murphy y dice: Obsérvese que Demelo dijo: "esto es del diablo". Esto nos trae a un punto más que necesita ser mencionado en el capítulo de sanidad divina, es decir exorcismo. El poder demoníaco, no es reconocido ni tratado en muchas de las iglesias en América Latina de crecimiento lento, pero es un tema frecuente de los sermones, discusiones y conducta en las iglesias de crecimiento rápido.[92]

Para el año de 1969, sólo se había efectuado un análisis detallado del Iglecrecimiento por el misionero Hormon Jonson en una obra intitulada "Autoridad sobre los espíritus: el espiritismo brasileño y el crecimiento de la Iglesia evangélica."[93] Este trabajo lo realizó como tesis inédita para graduar con licenciatura del Fuller Theological Seminary. Hoy en día varios libros escritos sobre el tema, por ejemplo: Cerdos en la sala, El dilema y El libro de liberación. Aunque no estamos de acuerdo con toda su metodología, es necesario mencionarlos.

El exorcismo de los demonios es una parte de casi todas las iglesia pentecostales Latinoamericanas, y según piensa Thomson, cuando menos en Brasil, es la clave de más importancia del crecimiento de la iglesia pentecostal.[94]

La oración y guerra espiritual

La oración fue uno de los principios más sobresalientes en la Iglesia primitiva y ha sido un factor clave en todos los avivamientos y crecimientos de la Iglesia a través de toda la historia. El finado doctor Oswald J. Smith en su obra intitulada "El avivamiento que necesitamos", describe la importancia de la oración en el crecimiento de la iglesia: ¡Ah, hermanos míos! ¿Estáis orando? ¿Oráis a Dios intercediendo por esta ciudad? ¿Le rogáis de noche y de día para que derrame de su Espíritu? Este el momento que debemos orar.[95]

Se nos dice que hubo un tiempo en la obra del predicador Fidney que el avivamiento pereció. En vista de eso hizo un pacto con la juventud por el cual prometieron orar una semana al rayar la aurora, al mediodía y al ponerse el sol; esto lo harían en su habitación privada. Dios volvió a derramar su Espíritu y antes del fin de semana, las multitudes volvieron a concurrir en masa a las reuniones.[96]

La oración que cuesta no es la oración de cinco minutos antes de empezar el culto. Este tipo de oración demanda ayuno, vigilia y constancia.[97]

El Dr. Cho[98] en su libro "Oración, la clave del Avivamiento", afirma que la oración produce poder y que no hay razón para que en su iglesia no ocurran milagros de manera regular, ni tampoco para que los pecadores no sean atraídos por el Espíritu Santo a su congregación.

El mismo dice: El número de miembros de nuestra iglesia se aproxima a los 503,590 y según la tasa de crecimiento anual para finales de año tendremos más de 600,000 miembros activos (1984). ¿Cómo ha podido crecer tanto? Estoy convencido de que el avivamiento (crecimiento) es posible allí donde la gente se dedica a la oración.[99]

Creo que nadie tiene más autoridad para hablarnos de este principio que el pastor de la iglesia más grande del mundo.

Leonard Ravenhill, en su libro "Porque no llega el avivamiento", declara: *"La oración se apodera de lo eterno, ningún hombre es más grande que su vida de oración. El pastor que no ora está jugando a la religión; el pueblo que no ora está extraviado."*[100]

El mismo citando a Matthew Henry dice: *"Cuando Dios se propone hace una misericordia grande con su pueblo, la primera cosa que hace es invitarles a orar."*[101]

La Iglesia Novotestamentaria tenía una vida de oración, era su modus vivendus, lo vemos desde el inicio de su existencia. En Hechos 1:12-14, encontramos a los ciento veinte en el aposento alto que *"perseveraban unánimes en oración y ruego."*

Ellos oraban por todo y para todo porque sabían que necesitaban la dirección del Señor.

Lo hicieron para escoger al sucesor de Judas	Hechos 1:24
Lo hicieron para pedir poder y hablar con denuedo la palabra del Señor	Hechos 4:24-31
Lo hicieron para instituir a los diáconos	Hechos 6:6
Lo hicieron para impartir el bautismo con el Espíritu Santo	Hechos 8:15
Lo hicieron para resucitar muertos	Hechos 9:40

Lo hicieron para pedir la intervención de Dios, para que Pedro fuera liberado de la cárcel	Hechos 12:1-5, 12
Lo hicieron para enviar a sus primeros misioneros	Hechos 13:1-3
Lo hicieron para instituir ancianos	Hechos 14:23
Lo hicieron para despedir a los hermanos	Hechos 25:5, 6
Lo hicieron para sanar a los enfermos	Hechos 28:8-10

Es interesante notar que ellos tenían una hora determinada para orar (Hechos 3:1; 10:9; 16:13, 16).

La Iglesia perseveraba, era constante en la oración (Hechos 2:42; 4:24-31; 6:4; 9:11; 10:2, 4, 9; 12:5,12; 13:3; 16:16; 21:5; 28:8). Oraban en tiempo de paz y en tiempo de aflicción; lo hicieron en forma individual y colectiva; de rodillas, parados y sentados. Las formas y la metodología no eran importantes; lo urgente era y es orar en todo tiempo. Smith dice: *"sin la oración no existirá crecimiento"*[102] (Hechos 1:4; 2:42; 9:31; 6:4).

Con metodologías, la Iglesia puede crecer pero será un crecimiento fútil y pasajero. Es como la hinchazón en el cuerpo. El cuerpo se ve grande, pero es un crecimiento anormal. Si el crecimiento no va acompañado de oración, no se dará un crecimiento normal, ni sano dentro de la iglesia.

En el período novotestamentario, la inspiración del Espíritu sacudía al infierno. En cambio, en nuestros días la oración que vence al mundo nunca había sido dejada por tantos al cuidado de tan pocos. Sin embargo, no hay sustituto para esta clase de oración; o la practicamos o morimos.

Cuando hablamos de guerra espiritual, nos referimos al dolor utilizado por deshacer la fortaleza de Satanás. Una iglesia con poder penetra la muralla de Satanás para arrebatar a las almas que están cautivos a la voluntad de él.

Pablo, cuando da testimonio del rey Agripa, hace referencia enfático a este aspecto (Hechos 26:15-18): *"Y el Señor dijo: Yo soy Jesús, a quien tu persigues pero levántate, y ponte sobre tus pies; porque para esto he aparecido a ti, para ponerte como testigo de los cosas que has visto y en aquellas en que me apareceré a ti, librándote de tu pueblo y de los gentiles a quienes ahora te envío, para que abras sus ojos, para que se conviertan de las tinieblas a la luz, y de la potestad de Satanás a Dios; para que reciban, por la fe que es en mí perdón de pecados y herencia entre los santificados."*

En este pasaje encontramos dos antónimos en contraposición, que son: tinieblas Vs. luz, autoridad de Satanás Vs. autoridad de Dios. Los apóstoles Pablo, Pedro, y cada uno de los miembros de la Iglesia tenían en mente una lucha espiritual en contra del reino de Satanás.

"No tenemos lucha contra carne ni sangre, sino contra principados, potestades, contra los gobernadores de las tinieblas de este siglo, contra huestes espirituales

de maldad en las regiones celestes." (Ef. 6:12).

"...conforme al príncipe de la potestad del aire, el espíritu que ahora, opera en los hijos de desobediencia." (Ef. 2:1-3).

"...el cual nos ha liberado de la potestad de las tinieblas" (Colosenses 1:13).

"...y el mundo entero está bajo el maligno". (1 Juan 5:19).

Tenemos que recordar que el enemigo de nuestras almas hace guerra contra los hijos de Dios, y por lo tanto debemos prepararnos espiritualmente para hacerle frente (Efesios 6:10-19). La iglesia primitiva lo hizo.

Pedro detectó que Satanás había llenado el corazón de Ananías para mentir al Espíritu Santo (Hechos 5:34).

Lucharon directamente contra el reino de Satanás liberando del cautiverio del diablo a los hombres (Hechos 5:16; 19:12). Enfrentaron a los embajadores de Satanás y los derrotaron: a Simón (Hechos 8:9-11; 18-23), que había engañado durante mucho tiempo a Samaria; a Barjesús (Hechos 13:6-12) que se oponía resistiendo a Bernabé, y a Saulo para que el procónsul no creyera al evangelio.

Cuando liberaron a la joven del espíritu de adivinación (pitónico v. a.) Hechos 16:16-18, a pesar de que decía una gran verdad: *"Estos hombres son siervos del*

Altísimo, quienes os anuncian el camino de salvación", no se puede mezclar el espiritismo (adivinación) con la verdad del evangelio.

Necesitamos reconocer que para salir invictos de este encuentro de poderes, necesitamos al Espíritu Santo que nos ayuda en esta guerra espiritual (Hechos 3:6; 4:7; 5:1-10, 8:9-24). Estos son los momentos en que el reino de Dios y el de Satanás se enfrentan cara a cara por las almas de los seres humanos. Si Pablo hubiera perdido el encuentro de poder en el palacio de Sergio Paulo (Hechos 13: 6-12), la historia de la Iglesia bien podía haber terminado ahí.

No debemos olvidar que sobre los pueblos hay potestades que gobiernan en los aires. Un ejemplo lo podemos ver en Daniel que cuando intercedía en la Palabra de Dios (Daniel 10-11:1), Dios le mandó la respuesta por medio del ángel, pero el príncipe del reino de Persia se le opuso y tuvo que intervenir Miguel para ganar la batalla (Daniel 10:12, 13), y en su regreso, el ángel tenía que volver a pelear, pero ahora con el príncipe (la potestad) de Grecia (Daniel 10:20).

Este mismo principio se encuentra en Lucas 10:17-20 cuando los setenta vuelven con gozo *"porque los demonios se les sujetaban"* y Jesús contestó, *"Yo veía a Satanás caer del cielo como un rayo"*.

Donde los discípulos sujetaban a los demonios, ellos eran derribados del aire, el lugar. El país, el estado, o la familia son librados por medio de la guerra espiritual.

Por ejemplo en Oaxaca, la potestad que impera se llama "soledad". No es entonces extraño que los oaxaqueños sean introvertidos, huraños y poco confiados.

Tenemos que hacer guerra. Recordamos lo que dice Ralph Mahoney *"nada ha quedado fuera del dominio del hombre que vive en plena comunión con Dios."*[103]

Si queremos crecer, tenemos que recordar que estamos en una batalla espiritual (Efesios 6:12) y sólo podemos sobrevivir con la ayuda del Espíritu Santo. Sin él somos autos sin motor; pozos sin agua; iglesias sin poder.

Mensaje bíblico y Cristológico.

Jamás la iglesia proclamó (Kerigma) un mensaje basado en suposiciones o conceptos preconcebidos, en la experiencia personal. Nunca hicieron ni proclamaron una doctrina basada en una experiencia, ni en un suceso aislado; ni siquiera en una creencia personal. Este quinto principio espiritual del Iglecrecimiento no deja de ser menos importante, ni de menor trascendencia que los anteriores.

Si queremos tener una iglesia "que su fe no esté fundada en la sabiduría de los hombres, sino en el poder de Dios" (1 Corintios 2:5), debemos predicar un mensaje cien por ciento bíblico y centrado en la persona de Cristo, no en el credo de nuestra organización o postura con respecto a un tema "X" o "Y".

El libro de texto de la Iglesia primitiva que regía sus normas de vida y conducta moral, social y espiritual era la Escritura Sagrada. Por ejemplo para nombrar al sucesor de Judas, Pedro hizo referencia a la escritura profética de los Salmos 69:25; 109:8 conf. (Hechos 1:16-22).

En el día de Pentecostés, cuando algunos se burlaban (Hechos 2:13), Pedro se pone en pie (Hechos 2:14-21) y dice en defensa de los discípulos, que lo que está sucediendo es lo profetizado por Joel (Joel 2:28-32) e inmediatamente muestra el mensaje Cristológico (Hechos 2:22-40) para llevarlos al arrepentimiento y al perdón de los pecados.

En Hechos 2:42 leemos *"...Y perseveraban en la doctrina de los apóstoles..."* Cuando curaron Pedro y Juan al cojo del templo, la Hermosa, dijo Pedro: *"...en el nombre de Jesucristo de Nazareth, levántate y anda"*

(Hechos 3:6). Después, en su segundo mensaje, hizo énfasis en Cristo como el autor de la vida y cinco mil varones se añadieron a la iglesia (Hechos 3:12-4:4). Cuando fueron interrogados por los sumos sacerdotes (Hechos 4:5-18), Pedro respondió que el milagro había sido hecho por Cristo y en ningún otro había salvación...

Hechos 4:31	"y hablaban con denuedo la palabra de Dios"
Hechos 5:20	"anunciad al pueblo todas las palabras de esta vida"
Hechos 5:28	¿no os mandamos estrictamente que no enseñéis en ese nombre?
Hechos 5:40	"los intimaron que no hablasen en el nombre de Jesús"
Hechos 5:41	"gozosos de padecer afrenta por causa del nombre"
Hechos 5:42	"no cesaban... de predicar a Jesucristo"
Hechos 6:4	"Pero persistiremos... en el ministerio de la Palabra"
Hechos 6:7	"y crecía la palabra del Señor"
Hechos 7:55-60	"...vio a Jesús que estaba a la diestra de Dios... Señor Jesús, recibe mi espíritu"
Hechos 8:4	"Anunciando el evangelio"
Hechos 8:5	"Felipe (Samaria) ...les predicaba a Cristo"
Hechos 8:30	"...Leía al profeta Isaías..." (v. 35) "...le anunció el evangelio de Jesús...."
Hechos 8:40	"Anunciaba el evangelio en todas las ciudades"
Hechos 9:20	"...Predicaba a Cristo"
Hechos 9:22	"Demostrando que Jesús era el Cristo"
Hechos 9:29	"Y hablaban denodadamente en el nombre del Señor"
Hechos 10:36	"...Anunciando el evangelio de la paz"

Hechos 11:1	"...Los gentiles habían recibido la palabra de Dios"
Hechos 11:20	"...Anunciando el evangelio del Señor Jesús"
Hechos 12:24	"...La palabra del Señor crecía y se multiplicaba"
Hechos 13:5	"Anunciaban la palabra de Dios"
Hechos 13:44	"Para oír la palabra de Dios"
Hechos 14:7	"Y allí predicaban el evangelio" (Hechos 14:21, 25; 14:35, 36; 16:6, 10, 32; 17:3, 11, 13, 18; 18:5, 11, 25, 28; 19:8, 10; 20:21, 24, 25, 27, 32; 24:24; 25:19; 26:20, 23; 28:23; 25:27; 30:31).

Ni los cepos de la cárcel, ni el naufragio, ni el riesgo de perder la vida detuvieron a la Iglesia Novotestamentaria, en la predicación del mensaje bíblico, centrada en Jesucristo. De igual forma nosotros debemos predicar siempre a Jesucristo. Antes aún que los credos de nuestra organización.

La unidad del cuerpo.

La cual va en contra del PUH (Principio de Unidades Homogéneas); el cual es un principio sociológico, pero no es bíblico, pese a lo que dice McGavran, Juan Carlos Miranda y Fred Smith, propagadores y defensores de este principio, el cual discutiremos posteriormente.

Pedro Larson citando a Luther Copeland dice: *"El crecimiento de la Iglesia en Hechos, vence obstáculos hasta lograr que ese evangelio se mueva libremente en el mundo entero. Estos obstáculos incluían raza, cultura y religión, alcanzando a grupos de diferentes personas de tal manera que tenemos a Pablo en Roma "predicando el reino de Dios acerca del Señor Jesucristo abiertamente y sin impedimento"* (Hechos 28:31).

El énfasis de Hechos, en cuanto a ser miembro de la Iglesia, no es en virtud de su cultura o rango social sino de su relación de fe con la persona de Cristo. Vemos la incorporación de judíos y gentiles, de pobres y de ricos, de personas sin fama y de personas de distinción."[104]

Copeland ve que Hechos es un fiel reflejo de la enseñanza apostólica de Gálatas 3:28: *"Ya no hay judío ni griego; no hay esclavo ni libre; no hay varón ni mujer; porque todos vosotros sois uno en Cristo Jesús".*

La unidad de la iglesia no puede faltar. De no existir surgirán problemas que conducirán la iglesia hacia abajo y cambiarán la manera que Dios obró originalmente.

McGavran dice: *"A los hombres les gusta hacerse cristianos sin cruzar las barreras de raza, idioma y clase."*[105] Y cita algunos ejemplos como el de Jamaica en donde los anglicanos y presbiterianos no querían evangelizar a los esclavos por temor a crear el descontento y los bautistas encontraban dificultad en extender sus iglesias entre los mulatos, porque a los mulatos no les gusta el nivel social de los bautistas negros y no querían que sus hijos se casaran con ellos.[106] ¿En dónde entonces, dejamos el amor de Cristo y la unidad dentro de la hermandad cristiana? Y arguye que la Iglesia tiene que facilitar la forma a las personas de grupos muy exclusivos, de aceptar a Cristo sin traicionar a sus parientes.[107]

Juan Carlos Miranda, sobre este principio (PUH), cita a Pedro Wagner que dice: *"Una década y media de estudios e investigaciones en diferentes culturas y prácticamente en todos los rincones del mundo confirman que las iglesias que tienen más probabilidades de crecer son los que se fundan en un compañerismo común a los que pertenecen a una unidad homogénea."*[108]

Aquí vale aclarar que no negamos que este fenómeno se esté dando dentro de las iglesias, lo que sí queremos argumentar es que tal principio contradice las normas bíblicas de amor, conducta y compañerismo.

Juan Carlos Miranda dice: "Algunos parecían pensar que Iglecrecimiento era sinónimo de unidades homogéneas", y volviendo a citar a Wagner comenta: "El (PUH) no es un décimo primer mandamiento, ni el libro sesenta y siete de la Biblia, ni una anotación al credo de los apóstoles..." el propósito esencial del movimiento de Iglecrecimiento no es cumplir con el PUH sino cumplir con el mandato Evangelístico.[109]

Comentando el concepto de McGavran antes mencionado, Miranda vuelve a citar a Wagner que dice que debemos entenderlo de dos maneras: "Primero es una presuposición descriptiva y no normativa. Es fenomenológica (manifestación o apariencia sorprendente y extraordinaria) y no teológica. No dice "Los hombres deben llegar a ser cristianos" sino que dice: "prefieren llegar a ser cristianos" Segundo se refiere a discipular y no al perfeccionar. Es un principio de evangelismo no de instrucción cristiana… se refiere a los inconversos. No está en el reino de Dios. Jesús no es su Señor. No saben nada del fruto del Espíritu Santo.[110]

Más adelante dice que el PUH no es sinónimo de racismo;[111] sí estos argumentos fueran ciertos no existirían iglesias de negros y blancos, ni iglesias de clases (alta, media y baja).

No podemos negar que al promover el principio de unidades homogéneas, estamos inherentemente propiciando la segregación, el racismo e iglesias elitistas, lo cual es pecado delante de Dios y de su Palabra.

Miranda arguye que: *"Una vez que la persona ha conocido a Cristo como su Salvador, no tiene prejuicios. Esto se hace para ganarlos pero una vez que han nacido de nuevo, aprenderán el amor cristiano."*[112]

Dicha presuposición es una utopía, bañada de falacia, porque es difícil que una persona que se convirtió en una iglesia de blancos se reúna fácilmente con los negros. También es una mentira ya que entonces estaríamos hablando de dos congregaciones, una para alcanzar a los inconversos y otra para nutrir a los creyentes.

Además es imposible, porque una vez habituados a un sistema o metodología, será difícil producir una metamorfosis para así relacionarse e integrarse con todos.

En el libro de los Hechos vamos a encontrar no solamente iglesias homogéneas, sino mayormente heterogéneas por el principio de unidad en donde se unieron sin importar raza, idioma o clase social. Con esta afirmación no estamos declarando que no enfrentaron problemas; lo que sí estamos asegurando es que el principio de amor y de unidad con la ayuda del Espíritu Santo les permitió seguir unidos a pesar de su propio individualismo.

Le dieron solución a los problemas de diferencias culturales, religiosas y clasistas ya que comprendieron que Dios estaba interesado en la salvación de ricos y pobres, judíos y gentiles, circuncisos e incircuncisos.

Smith dice: *"La desunión es un cáncer que le quita a la Iglesia toda la fuerza requerida para el crecimiento."*[113] En la Iglesia primitiva había unidad en todos los aspectos:

Unidad espiritual: en la oración.

Hechos 1:14, 2:42	fueron todos llenos:
Hechos 2:4 y 4:31	"perseveraban unidos cada día en el templo"
Hechos 2:46	"subían juntos al templo"
Hechos 3:1	"alzaron unánimes la voz a Dios"
Hechos 4:31	"eran de un corazón y de un alma"

Unidad corporal

Hechos 2:1	"Estaban todos unánimes juntos"
Hechos 2:14	"Pedro poniéndose de pie con los once"
Hechos 3:1	"Pedro y Juan subieron juntos"
Hechos 4:1	"Hablando ellos al pueblo"
Hechos 4:31	"El lugar en que estaban congregados"
Hechos 5:12	"Y estaban todos unánimes en el pórtico de Salomón"

Unidad racial

Aunque ambos eran judíos de raza, ya su forma de ser los diferenciaba por que unos eran hebraístas y otros helenistas.[114] El que sin ser griego, hablaba esta lengua, este término se aplica sobre todo a los judíos que, habiendo adoptado la lengua griega había asumido también las costumbres e ideas de los griegos.[115] (Hechos 6:1-7).

El pasaje nos relata que hubo problemas, pero que los solucionaron para mantener la unidad del cuerpo de Cristo. Esto mismo se ve en la iglesia de Antioquia (Hechos 13:1-3 y 14:1).

Unidad lingüística o idiomática.

Por ejemplo en Hechos 6:1-7 (donde había judíos que hablaban griego y judíos que hablaban hebreo). Un hecho muy notorio fue el día del Pentecostés (Hechos 2:1-13) en donde los partos, medas, elamitas, los de

Mesopotamia, los de Judea, Capadocia, Ponto, y en Asia, Frigia y Pánfila, Egipto y en las regiones de África, más allá de Cirene, romanos residentes, tanto judíos como prosélitos, cretenses y árabes. Es muy descriptivo Lucas al mencionar las 18 diferentes nacionalidades y lenguas y cada uno escuchaba en su propia lengua nativa en la que había nacido.

A continuación elaboramos un mapa de todos los pueblos que oyeron el evangelio por medio del sermón de Pedro en el día de pentecostés.[116]

Unidad clasista.

El mismo Cristo dijo: "A los pobres siempre los tendréis..." (Mateo 26:11). Pero la iglesia de Jerusalén eliminó la diferencia de clases (Hechos 17:4, 12).

Hechos 2:44	"todos los que habían creído estaban juntos, y tenían en común todas las cosas."
Hechos 2:45	"...Y vendían sus propiedades y sus bienes, y lo repartían a todos según la necesidad de cada uno..."

Hechos 2:46	"...comían juntos con alegría y sencillez de corazón..."
Hechos 4:32	"...ninguno decía ser suyo propio nada de lo que poseía, sino que tenían todas las cosas en común...."
Hechos 4:34, 35	"Así que no había entre ellos ningún necesitado; porque todos los que poseían heredades o casas, las vendían, y traían el precio de lo vendido, y lo ponían a los pies de los apóstoles; y se repartían a cada uno según su necesidad."

Después vemos dos ejemplos de estos actos, uno positivo (Hechos 4:36, 37) y uno negativo (Hechos 5:1-11). Algunos argumentarían que eso fue en la Iglesia primitiva, pero es precisamente ahí donde encontramos el prototipo por excelencia de la Iglesia que Dios quiere y de los principios del Iglecrecimiento. La iglesia en Jerusalén eliminó la diferencia de clases. Bajo este principio es que Pablo escribe a Filemón en donde le pide "que reciba a Onésimo para siempre, ya no como esclavo, sino más que esclavo, como hermano amado" y le pide que lo reciba como a él mismo (Filemón 15-18).

Un ejemplo presente lo tenemos en la iglesia "Templo Sinaí" de Santa Ana, California, pastoreada por Daniel Támara en donde cuenta con doce diferentes nacionalidades y por lo menos con tres diferentes clases sociales.[117] Y la iglesia continúa creciendo. Mencionaremos un último tipo de unidad que era inherente en la Iglesia novotestamentaria para así corroborar que un principio fundamental del Iglecrecimiento es la unidad del cuerpo.

Unidad religiosa

En Hechos 15, encontramos el primer concilio de la Iglesia, en donde se postuló un problema intrínseco de la penetración del Kerigma en el pueblo gentil: en donde los "de la secta de los fariseos, se levantaron diciendo: *"Es necesario circuncidarlos, y mandarlos que guarden la ley de Moisés"* (Hechos 15:5).

Unos abogaban a favor de que los gentiles fueran circuncidados para cumplir la ley, pero qué hermosa conclusión es la que finiquitaría el asunto: *"Porque ha parecido bien al Espíritu Santo y a nosotros"* (Hechos 15:28). No rompieron la unidad, porque no defendieron su credo judaizante, sino el principio, de amor, compañerismo y por ende de unidad. Aún dentro del apostolado, los líderes de la Iglesia, aunque desempeñaban diferentes roles, tenían que estar de acuerdo para no romper con la unidad. A Pedro le fue encomendado el evangelio de la circuncisión y a Pablo el de la incircuncisión (Gálatas 2: 7-10).

Siempre se informó a la Iglesia, ya sea de Jerusalén o de Antioquia, sobre el trabajo entre los gentiles, para así no perder su vínculo de la unidad (Hechos 11:1-18; 19:21, 22; 14:24-28; 15:12-19; 21:17-20). Fue tal la unidad que inmediatamente enviaron a Pedro y a Juan a Samaria (Hechos 8:14-17) y a Bernabé a Antioquia para trabajar entre los griegos (Hechos 11:19-24). Después fue por Saulo y estuvieron ahí por un año (Hechos 11: 22-26).

El principio de unidad cubre varios aspectos: espiritual, corporal, racial, idiomática, clasista, religiosa (credo). La iglesia primitiva postuló, y vivió prácticamente este principio lo cual generó en un crecimiento integral (numérico, espiritual, corporativo y eclesiástico). Se abrieron muchas iglesias. Es la unidad un principio clave del Iglecrecimiento.

Evangelismo permanente ó las 3 "P". Presencia, proclamación, persuasión.

Fred Smith dice: *"La Iglesia, para mantener contacto con la comunidad, siempre necesitará nuevos convertidos para traer a otros y esos a su vez traerán más y así crecerá la iglesia dentro de la comunidad."*[118] Juan Carlos Miranda explica el principio de las 3P en su libro: Manual de Iglecrecimiento de la siguiente manera:

Las 3 "P" de Evangelismo

1-P *Evangelismo de presencia.* Cuando el cumplimiento de lo que ahora llamamos mandato cultural se confunde con el mandato Evangelístico.

2-P *Evangelismo de proclamación.* Nos da ventana a la calle, pero se limita a sembrar y no a cosechar. Es simplemente hacer oyentes y no discípulos.

3-P *Evangelismo de persuasión.* La meta no es proclamar las buenas nuevas solamente. **El evangelismo se ha realizado cuando se ha logrado formar discípulos.**[119]

Tenemos que estar presentes, predicar y persuadir para que se entreguen a Cristo. La palabra griega en 2 Co. 5:11 para "persuadir" es Pehito, y quiere decir convencer a otro hacia un determinado punto de vista. (Hechos 18:4).[120]

Presentes, predicando y persuadiendo	
Presencia	Hacer obra social, servir sin proclamar
Predicación	Proclamación del evangelio sin el fin de persuadir
Persuasión	Es cuando el mensaje de Dios se predica con el propósito de que los oyentes se entreguen a Cristo.

El pacto de Lausana dice lo siguiente en cuanto a este principio: "Evangelizar es difundir las buenas nuevas de que Jesucristo murió por nuestros pecados y resucitó de los muertos... y ahora como el Señor... ofrece el perdón de pecados y el don liberador del Espíritu a todos los que se arrepienten y creen."

Nuestra presencia cristiana en el mundo es indispensable para la evangelización masiva en la proclamación del Cristo histórico y bíblico como Salvador y Señor con la mira de persuadir a la gente a venir a él personalmente y reconciliarse así con Dios.[121]

La presencia de la iglesia en un barrio, colonia o ciudad por medio de la obra social o la proclamación del evangelio no tendrá mucho éxito si no persuade a la gente de que se reconcilie con Dios.

No dudamos en que hay tres tipos de evangelismo, reconocido por los propagadores del Iglecrecimiento. Aunque en el sentido estricto de la palabra no hay evangelismo si no hay conversiones. Ya que la obra social o la acción social no son evangelismo ni sustituyen al mismo.

El principio de evangelismo permanente está totalmente polarizado con la acción social, ya que la mayoría de las iglesias que practicaron, o practican solamente acción y obra social no crecen; sufren un estancamiento, mientras que los que participan de un evangelismo permanente están en constante crecimiento.[122]

Smith citando a Ivan Illich dice: *"Que la Iglesia tiene una función específica y es la de responder a las necesidades espirituales del pueblo. Él cree que cuando la Iglesia se inmiscuye en los asuntos políticos y sociales está dejando su función de ser una Iglesia y llega a ser como cualquier entidad política."*[123]

San Francisco de Asís dijo: *"No basta cambiar sólo las leyes, también tiene que cambiar el corazón. Si usted no cambia el corazón, cuando termine el proceso de cambiar las leyes sociales se encontrará en el mismo lugar donde empezó la batalla – pero ahora usted es el arrogante, el rico y el explotador de los pobres."*[124]

Creo que estaremos de acuerdo con Paredes cuando dice: *"El monopolio del pecado estructural, no lo tiene el sistema capitalista. El pecado está presente en todos los sistemas humanos y consecuentemente todas las estructuras necesitan de la liberación de Jesucristo."*[125]

Continúa diciendo: *"La manifestación del pecado en forma de explotación y colonización no se limita a la llegada de los españoles o a la época contemporánea. Ha estado presente desde la caída del hombre, en todos los tiempos y en todos los pueblos. Esto es así porque el problema fundamental del hombre es su rebelión contra Dios, y ésta se manifiesta en sus dimensiones personales y estructurales. Por tal razón todos los hombres necesitan de la liberación personal del pecado..."*[126]

Confirmando lo anteriormente dicho por Paredes, fue posible visitar el museo de oro en la ciudad de Lima, Perú, y ahí pudimos constatar que entre el pueblo Inca (400 – 450 d. C.), había estratos sociales y solamente la clase noble vestía con joyas y ornamentos de piedras preciosas; había pobres y aún esclavos,[127] además de toda la perversión y desviaciones sexuales que practicaban.[128]

Por lo tanto, si la iglesia quiere crecer, no basta la obra social, ni aún la acción social, sino el cambio integral del corazón del hombre y eso solamente se logra por medio del poder sobrenatural del Espíritu Santo el cual convence de pecado, de justicia y de juicio (Juan 16:8). Pero para que esto suceda, se hace necesaria la proclamación de las buenas nuevas (el kerigma de Dios).

Volviendo a citar a Paredes, él dice: *"Todos los hombres tienen el potencial de ser opresores. Una vez que estén en el poder, los oprimidos pueden convertirse en opresores no únicamente de sus ex-opresores, sino también de la gente que dice representar. Esta posibilidad está siempre presente ya que el pecado trasciende las estructuras sociales; por lo tanto es necesaria una transformación de personas. Este es el desafío y la radicalidad del evangelio de Cristo."*[129]

Hacemos referencia a todo esto para recalcar que la Iglesia Novotestamentaria, nunca estableció el principio de acción social, ni siquiera el de obra social. Ya que su fin no fue suplir una necesidad, sino compartir en amor lo que de Dios habían recibido. Ellos solamente enfatizaron el principio de un evangelismo permanente en dondequiera que estuvieran. Su modus operandis era: la proclamación de las buenas nuevas, para tal fin haremos un análisis geográfico del evangelismo permanente de la Iglesia primitiva.

En Jerusalén

Hechos 2:14-40 Pedro exhorta diciendo: "sed salvos de ésta perversa generación". (Aprovechó la confusión para predicar el evangelio).
Hechos 3:19 "Así que arrepentíos y convertíos, para que sean borrados vuestros pecados." (Tomó como base el milagro para predicar el evangelio).
Hechos 4: 31 "Hablaban con denuedo la palabra de Dios" (no les importó la persecución).
Hechos 5:42 "No cesaban de enseñar y predicar a Jesucristo." (Aprovechaban cualquier lugar para hacerlo).
Hechos 7:2 ss Esteban aprovechó la acusación para

proclamar el mensaje del evangelio y llamarlos al arrepentimiento, (conf. 6:10).

En Judea
Hechos 8:2 (conf. 8:4; 9:31; 11:29)

En Samaria
Hechos 8:4-13, cuando se dio la persecución aprovecharon el tour para proclamar las buenas nuevas.

Entre Jerusalén y Gaza.
(en el desierto) Hechos 8:26-38.
En Azoto y Cesarea. Hechos 8:40.
En el Camino a Damasco: Hechos 9:17-19.
En Damasco: Hechos 9:20-22.
En Galilea: Hechos 9:31.
En Lida y Sarón: Hechos 9:35.
En Jope: Hechos 9:42.
En Cesarea: Hechos 10:1, 24; 34-44.
En Fenicia y Chipre: Hechos 11:19.
En Antioquia: Hechos 11:20, 26.
En Salamina: Hechos 13:5
En Pafos: Hechos 13:6-12.
En Antioquia de Pisidia: Hechos 13:14-44.
En Iconio: Hechos 14:1.
En Listra y Derbe: Hechos 14:6, 7-10, 20, 21.
En Siria y Cilicia: Hechos 15:41.
En Macedonia: Hechos 16:9, 10 (Filipos) Hechos 16:12-15, 28-33.
En Tesalónica: Hechos 17:1-6.
En Berea: Hechos 17:10-12.

En Atenas: Hechos 17:16-18.
En Corinto: Hechos 18:1,7-11.
En Efeso: Hechos 18:24-26.
En Acaya: Hechos 18:27, 28.
En Grecia: Hechos 20:1, 2.
En Asia: Hechos 20:1,2.
En Troas: Hechos 20:5-12.
En Roma: Hechos 28:17-31.

La Iglesia primitiva jamás dejó de evangelizar. Aprovechó toda ocasión al máximo, en tiempo de paz y en tiempo de lucha; cuando los persiguieron, o apedrearon o cuando los recibieron y trataron bien; cuando naufragaron o cuando los hicieron presos; en casas o escuelas, en sinagogas o en la calle; en el areópago o en el palacio romano. No importa donde estuvieran, un verdadero discípulo siempre mantuvo una proclamación permanente del Kerigma de Dios. Y si nosotros queremos crecer debemos evangelizar permanentemente aprovechando todo el tiempo y todas las circunstancias.

El temor de Dios, la obediencia y el testimonio de la iglesia.

El temor a Dios evita el sufrimiento, no es miedo; sino que es un respeto profundo y un temor reverente de ofender y desagradar a Dios. Cuando una iglesia tiene temor a Dios, no va a pecar sino obedecerá perfectamente al Señor, y su testimonio será grato delante de Dios y de los hombres.

El temor a Dios es no pecar (Éxodo 20:20), es alejarse del mal (Proverbios 3:7), es aborrecer el pecado y odiar el mal (Proverbios 8:13).

En el libro de los Hechos a través de su predicación y vida, vemos el temor a Dios, la obediencia y el buen testimonio tanto de la Iglesia como de los líderes, lo cual redundó en crecimiento de ésta.

En Jerusalén

Hechos 2:38-42	"Arrepentíos . . . para perdón de los pecados. . . y se añadieron como tres mil personas."
Hechos 2:43, 44	"Y sobrevino temor a toda persona . . . todos los que habían creído..."
Hechos 3:19	"Así que, arrepentíos y convertíos, conf. (4:4) y el número de los varones era como cinco mil."

Su mensaje siempre fue un llamado al arrepentimiento, los motivaron para apartarse del mal, jamás permitieron que en el seno de la Iglesia se tolerara el pecado, mucho menos que se conviviera con él, ya que el temor de Dios caía sobre ellos, como en el caso de Ananías y Safira, (Hechos 5:1-14). (v. 5) *"...Y vino un gran temor sobre todos lo que lo oyeron"* (v. 11) *"...Y vino gran temor sobre toda la iglesia y sobre todos los que oyeron estas cosas"* (v. 14) *"...Y los que creían en el Señor aumentaba más, gran número así de hombres como de mujeres."*

Cornelio también era temeroso de Dios (Hechos 10:1-3), y trajo como resultado la conversión, el bautismo del Espíritu Santo sobre él y su familia y amigos (Hechos 10:34-48).

Campbell Morgan dijo: *"Las masas rehúsan en su mayoría el evangelio, porque ven perfectamente bien que la Iglesia no es obediente a las ideas de su propio Señor y no está realizando su propósito."*[130]

Es un peligro dejar que siga funcionando una Iglesia con mal testimonio; todo el pueblo va a recordar que el cristianismo no tiene la solución para sus problemas. Si no puede resolver sus propios problemas, ¿Cómo va hacerlos con los de la humanidad? El Espíritu Santo separa de la Iglesia a los de mal testimonio (Hechos 5:1-11; 2 Timoteo 2:17; 4:10; Apocalipsis 3:14-19). En cuanto a la iglesia lo mejor es vender el edificio y cambiar de lugar.

Como resultado lógico del temor de Dios en la Iglesia Novotestamentaria hubo buen testimonio y obediencia y como consecuencia natural la Iglesia creció. La obediencia se ve desde el capítulo uno de los Hechos.

Hechos 1:4	Les mandó que no se fueran de Jerusalén (Cf. 1:12).
Hechos 4:19	"Juzgad si es justo delante de Dios obedecer a vosotros antes que a Dios"
Hechos 5:29	"Es necesario obedecer a Dios, antes que a los hombres"
Hechos 8:26	"Un ángel del Señor habló a Felipe"
Hechos 9:6	"Levántate... y ve a la calle que se llama derecha"

Hechos 10:5	"...No dudes de ir con ellos... porque yo los he enviado"
Hechos 11:12	"Y el Espíritu me dijo que fuese con ellos sin dudar"..
Hechos 13:2	"dijo el Espíritu Santo apartadme a Bernabé y a Saulo"
Hechos 13:4	"Enviados por el Espíritu Santo"
Hechos 16:6	"Les fue prohibido por el Espíritu Santo hablar la palabra en Asía"
Hechos 16:10	"...Dios nos llamaba para que les anunciásemos el evangelio"

Los discípulos y apóstoles, tenían como una norma de su vida cristiana la obediencia. Eso permitió que la iglesia creciera de una forma sobrenatural. Dios ordenaba y ellos obedecían. Si nosotros obedeciéramos a Dios en todo, de seguro nuestra iglesia crecería. McGavran dice que: *"La obediencia es la conducta del reino."*[131]

---

[38] Smith, Op. Cit., p. 50
[39] Miranda, Op. Cit., p. 90
[40] Francisco Lacueva, Nuevo Testamento Internacional, p. 136
[41] Lacueva, Op. Cit, p. 216
[42] Lacueva, Op. Cit, p. 463
[43] Smith, Op. Cit, p. 81
[44] McGavran, Op. Cit, p. 152
[45] Jn. 15:5; 16;13; Hch. 1:8; 10;38; 2 Co. 3:5, 6 "Todo método de crecimiento, sin la fuerza motriz del Espíritu Santo, es una falacia o un crecimiento malsano". Dijo el M(Th) Pedro Rubén Rivera.
[46] Fue un misionero y director del instituto Bíblico en el Salvador, pastor, maestro, autor de varios libros sobre Iglecrecimiento y secretario de misiones de América Latina y del Caribe de las Asambleas de Dios, por más de 20 años.
[47] Melvin L. Hodges, El crecimiento de la Iglesia, pp. 6, 7
[48] Pedro Rivera: Tiene una licenciatura en Ciencias y Artes, además de una maestría en Teología. Llevó a la iglesia metodista de Torreón Coahuila, a un crecimiento muy acelerado, en nueve meses una membresía de 300, llegó a 1100 y el dice: "El Espíritu Santo lo hizo todo, yo no sabía nada".

[49] Alan Walker, Mirad como crecen, pp. 11, 12
[50] Ibíd., pp. 11 – 131
[51] Hch. 2:41, 47; 3:11-4; 5; 6;17. Los hombres temerosos, fueron transformados por el poder del Espíritu Santo, y fueron testigos fieles y la iglesia creció en gran manera.
[52] Fred Smith, Misión, p.17
[53] Dicho por el Rev. Norman Parish, en la primer asamblea general de ICUMEX, en Febrero de 1985.
[54] Miguel Ramírez, Monografía para completar el curso "Métodos de investigación" de la Facultad de Teología", p. 5
[55] Pedro Wagner, ¡Cuidado ahí vienen los pentecostales! p. 9
[56] Ibíd., p. 11
[57] Ibíd., p. 8
[58] Ibíd., pp. 13, 14
[59] Ibíd., p. 15
[60] Ibíd., p. 16
[61] Ibíd., p. 17
[62] Loc. Cit.
[63] Ibíd.. p. 21
[64] William Read, Víctor Monterroso y Harmon Jonson, Avance Evangélico en la América Latina, p.360
[65] Wagner, Op. Cit, p. 21
[66] Loc Cit.
[67] Ibíd., p. 26
[68] Loc. Cit.
[69] Ibíd., p. 29
[70] Willis C. Hoover, Historia del avivamiento Pentecostal en Chile, p. 31
[71] Hilario H. Wynarczyk, Tres evangelistas carismáticos, pp. 5 – 135
[72] Galo Vásquez, Et. Al., Iglesias mexicanas, hoy y mañana. pp. 21, 33, 67, 79, 115
[73] Ramírez, Op. Cit. pp. 5, 6
[74] Smith. Op. Cit., p. 7
[75] Larson, Op. Cit., p. 19
[76] McGavran, Op. Cit., pp. 129 –138
[77] Ibíd., p. 31
[78] Wayne Weld, y McGavran Donald, Principios del crecimiento de la Iglesia, pp. 6 – 24
[79] Wagner, Op Cit., p. 17
[80] Ramírez, Op. Cit., pp. 5, 6
[81] Norman Parish. Enseñanza dada en el Centro de Capacitación Ministerial en Guatemala, Febrero de 1983.
[82] Wagner, Op. Cit., p. 21
[83] Ibíd., p. 34
[84] Alfredo Lerin, 500 Ilustraciones, pp. 303, 304
[85] Wagner. Op. Cit., pp. 135 – 153
[86] Ibíd., p. 135
[87] Ibíd., p. 139
[88] Ibíd., pp. 139 – 141
[89] Ibíd., pp. 142, 143
[90] Ibíd., p. 147
[91] Ibíd., pp. 148, 149

[92] Loc. Cit.
[93] Loc. Cit.
[94] Ibíd., p. 152
[95] Oswald J. Smith. El avivamiento que necesitamos, p. 18
[96] Loc. Cit.
[97] Smith, Op. Cit., p. 9
[98] Paúl Yonggi Cho, Oración, la clave del Avivamiento, pp. 20, 21
[99] Ibíd., p. 9
[100] Leonard Ravenhill, Porqué no llega al avivamiento, p. 18
[101] Ibíd., p. 88
[102] Smith. P. 88
[103] Ralph Mahoney, La autoridad del guerrero de oración, Boletín intercesores por México, Vol. 6 No. 1 s/f.
[104] Larson, Op. Cit., p. 104
[105] McGavran, Op. Cit., p. 162
[106] Ibíd., pp. 9 – 20
[107] Ibíd., pp. 9 – 11
[108] Miranda, Op. Cit., p. 162
[109] Ibíd., pp. 162,163
[110] Ibíd. p. 163
[111] Ibíd. p. 166
[112] Ibíd. Pp. 163,164
[113] Smith, p. 88
[114] H. I. Hester, Introducción al Nuevo Testamento, p. 254
[115] Samuel Vila y Santiago Escuain, Nuevo Diccionario Bíblico Ilustrado, p. 47
[116] Ibíd., p. 473
[117] Comentario hecho por el pastor Daniel Tamara, en la materia "Teología Práctica" del V Seminario de la Facultad en Lima Perú, Febrero de 1994.
[118] Smith, Op.Cit. p.91
[119] Smith, Op.Cit. p. 88
[120] Miranda Op.Cit. p. 44, 45
[121] Smith, La Dinámica del Crecimiento, p. 124
[122] Smith, El avivamiento que necesitamos, p. 10
[123] Ibíd., p. 127
[124] Citado por Les Parrot III en Questioning PC Orthodoxy en Christianity Today. Vol. 36 # 2. 10 de Febrero de 1992, p. 7
[125] Rubén Paredes, El uso de las Ciencias Sociales en la Misionología, p.21
[126] Loc. Cit.
[127] Visita al museo de oro en Lima, Perú, en febrero de 1994.
[128] En el museo de oro, hay figuras de arcilla de la era arcaica en donde se ve la perversión sexual del pueblo Inca.
[129] Paredes, Op. Cit, p. 22
[130] Smith. Op. Cit., p. 108
[131] Miranda, Op. Cit., p. 18

Capítulo 5

Los Principios Antropológicos

on también principios bíblicos que tienen sus raíces en la Palabra de Dios y tienen que ver con la participación del ser humano en el crecimiento de la Iglesia. Analicemos uno por uno:

Un pastor comprometido

El Dr. Cho hace notar: *"El crecimiento de la iglesia debe comenzar en el corazón del líder."*[132] Pedro Wagner en su obra "Su iglesia puede crecer" menciona los siete signos vitales de la iglesia en crecimiento; estableciendo un orden de prioridades señalando lo siguiente: "El pastor es la clave en todo crecimiento."[133] Smith en su libro titulado La dinámica del crecimiento dice: *"Si el pastor no quiere que la iglesia crezca, no crecerá; tiene que ser un pensador persistente y un líder dinámico."*[134]

A continuación menciona las razones por las que

algunos de los pastores no se comprometen:

1. Temen fallar

¿Qué pasaría si implementarán los principios del crecimiento y este no se produce? ¡Qué vergüenza! Si Dios quiere que su iglesia crezca, tendría que hacerlo sin el esfuerzo de él.

2. No quieren pagar el precio necesario, para ver el crecimiento hay seis áreas que deben cultivar

a) Oración: hay que dedicar tiempo diario a ello.
b) La lectura: estudiar la Biblia y leer los libros del Iglecrecimiento.
c) Visitar e investigar: la iglesia que está creciendo, para ver cómo lo hacen y si pueden aplicar a su iglesia los principios.
d) Asistir a los seminarios y/o cursos del Iglecrecimiento.
e) Establecer metas y hacer todo lo posible por lograrlas.
f) Habrá que cuidar una mayor cantidad de ovejas.

3. No quieren compartir el ministerio

a) Porque temen la competencia de sus privilegios y su puesto de líder.
b) Porque así serán descubiertas sus debilidades.
c) Porque no quieren tomar tiempo para adiestrar a sus miembros para ser líderes.

4. No quieren cambiar su teología de buscar por una teología de cultivar

En la teología de buscar, su fin es predicar y dejar el resto a Dios, la teología de buscar no es mala, pero es incompetente. La teología del cultivo (Mateo 9:37-38; 10:1-5; Lucas 10:2; Juan 4:35), busca activamente la manera de que la cosecha sea lo más grande posible, y con altos resultados en la reproducción.

Esta teología funciona en base a cuatro principios:
a) El principio de sembrar (Mateo 13:1-23)
b) El principio de podar (Lucas 13:6-9; Juan 15:2),
c) El principio de cosechar (Juan 4:35-37)
d) El principio de segar (Mateo 9:37.38).[135]

M. Wendell Belew de los Bautistas del sur de los Estados Unidos dice: *"Muy poco crecimiento se está presentando en iglesias donde el pastor no desempeña la función de equipar a los santos. Pero el hecho es que ellos no están bien equipados a menos que el pastor les muestre cómo hacerlo. En casi toda circunstancia de crecimiento exitoso de la iglesia, el pastor es el más grande motivador; es el que les informa el porqué, les muestra el dónde y les dice el cómo."*[136]

El pastor no sólo debe estar dispuesto a poner en juego su liderazgo, sino también a compartirlo con otras personas. Las iglesias que crecen tienen un liderazgo fuerte.

En un estudio realizado por la sede internacional de la iglesia del Nazareno, el Dr. Raymond Hurd descubrió cuatro características del liderazgo pastoral de la iglesia que crece. Son características que describen al pastor como uno que:

Características del Liderazgo Pastoral
Delega responsabilidades y autoridad en muchas personas de la iglesia
Estimula a que su gente comparta con él
Es considerado como un líder fuerte
Desarrolla un ministerio pastoral entre sus obreros, sean estos remunerados o voluntarios[137]

Todo crecimiento externo y visible exige un crecimiento interno (hay que desarrollar todos los recursos internos del líder). El líder de una iglesia debe tener un fundamento muy fuerte para que la iglesia crezca. El Dr. Cho, en su libro Mucho más que números dice: *"Para que la iglesia crezca, el líder tiene que cambiar de actitud, tener una visión amplia, porque la visión del hombre limita su conducta. Siempre debemos recordar que Dios está más interesado que nosotros, en que tengamos éxito en el crecimiento de la Iglesia. El problema ha sido nuestra actitud (conformismo), por falta de visión."*[138]

El Dr. John Ed. Mathison, pastor de la iglesia Frazer Memorial, es parte de la clave del crecimiento y vitalidad de su congregación, y reúne las siguientes características personales:

1) Es contagioso con la visión del Iglecrecimiento.
2) Está académica y teológicamente preparado

(cuenta con tres títulos), pero es modesto y sencillo.
3) es un excelente predicador bíblico.
4) y es un excelente líder administrativo.[139]

Pedro Wagner dice que toda la iglesia que crece tiene un líder con las siguientes características:

1) Obedecen a toda costa, están dispuestos a pagar el precio de obedecer la Palabra del Señor.

2) Tienen objetivos claramente definidos, han entendido la voluntad de Dios respecto a la evangelización y se han puesto a tono con lo que Dios espera hacer por medio de ellos.

3) Dependen y dan valor a estudios concienzudos porque se sabe más y más cada día de la forma de hacer planes inteligentes para el crecimiento de la Iglesia.

4) Son implacables en la evaluación de resultados. Si los métodos ordinarios usados en un esfuerzo Evangelístico determinado, no dan buenos resultados, son revisados y barridos. Hay que substituirlos por otra estrategia que produzca los resultados que Dios desea.

5) Una actitud de optimismo y de fe: oran porque haya conversiones en grandes cantidades. Su pauta dentro del Nuevo Testamento para el evangelismo,

no es la del joven rico, sino la del Pentecostés, en que tres mil aceptaron a Cristo.[140]

El Dr. Cho, en su obra intitulada "Mucho más que números" dice que el líder debe reunir las siguientes características si quiere tener una iglesia vigorosa y creciente:

1) Apariencia agradable,
2) Educación: debemos de pasar toda nuestra vida aprendiendo,
3) Disciplina: incluye la puntualidad y el cumplimiento,
4) Una alta autoestima (en Cristo); debemos aprender a vencer en Cristo,
5) Capacidad: el hecho de fracasar en alguna ocasión no quiere decir que somos hombres destinados al fracaso,
6) Salud: debemos aprender a cuidar nuestra salud y no abusar de ella.[141]

Cada una de las características de los líderes de una iglesia en crecimiento, fueron comprobadas en la encuesta realizada, en las dos iglesias más grandes de la cuidad de Durango ya que el ochenta por ciento de los miembros encuestados dijo que lo que más les importaba de su líder era su visión y ambición espiritual, además de su liderazgo y humildad a pesar de su excelente preparación académica y teológica. Mientras que por otro lado, en las iglesias de poco crecimiento, lo que más les atraía de su pastores, eran sus consejos y sus visitas.

Estos son los resultados de la encuesta realizada "Las características de su pastor que más impactaron su vida":

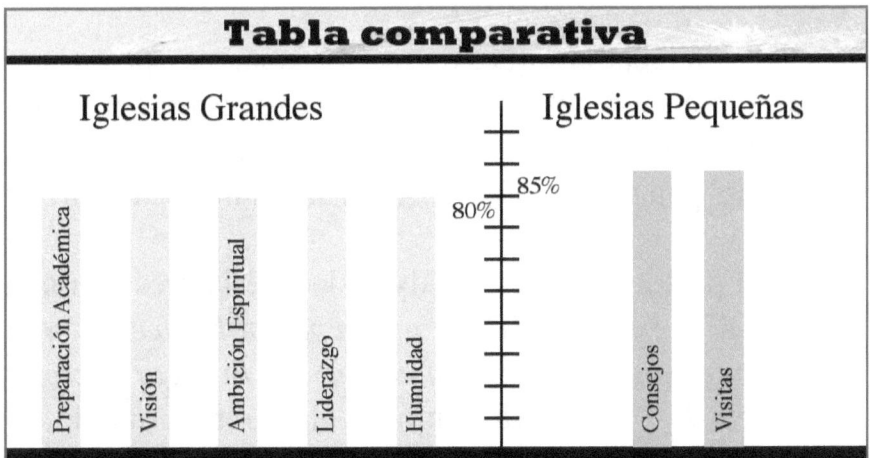

En el libro de los Hechos, también hubo hombres claves los primeros fueron Pedro (Hechos 1:12) y Pablo (Hechos 13:28), además de Felipe. Fueron hombres obedientes, de gran visión, de preparación (ya que aún a Pedro le reconocían que había estado con Jesús), y sobre todo de gran dependencia del Espíritu Santo. Fueron tan fuertes en sus influencias que impactaron a Jerusalén y sus alrededores además de establecer la Iglesia del Señor Jesucristo en todo el mundo conocido de ese entonces. Ellos delegaron responsabilidades, entrenaron líderes, establecieron iglesias, eran optimistas, tenían visión y ojos de Iglecrecimiento de tal forma que solamente en el primer siglo conquistaron con el evangelio a todo pueblo, lengua y nación.

No podemos negar que a través de toda la historia eclesiástica, Dios se ha valido de hombres y mujeres claves, humildes y capacitados y llenos del Espíritu Santo.

Una congregación comprometida o la participación de los miembros.

Es indebatible que, entre más personas participen en la predicación del evangelio y la expansión del reino, mucho más rápido cumpliremos la gran comisión y por ende nuestra iglesia crecerá más, espiritual y numéricamente.

El pastor James Kennedy de la iglesia presbiteriana de coral Ridge dice: *"El dejar que el pastor haga el trabajo de evangelismo (Iglecrecimiento), es la peor herejía de la Iglesia."*[142] Nunca vamos a alcanzar al mundo, si no participamos todos. Las iglesias que no crecen son aquellas en que los miembros no participan. El Dr. Cho declara: "Toda persona que entra al cuerpo de Cristo (la iglesia); automáticamente se inscribe en el programa de preparación para el ministerio. (Porque de otra forma estorbaría el crecimiento de la iglesia).[143]

El Dr. Pedro Wagner, al anunciar los siete signos vitales de una iglesia en crecimiento coloca en segundo lugar la participación de los miembros, en orden de prioridades.[144]

Robert y Evelin Boston, hablando de la participación de los miembros en el Iglecrecimiento, señala: *"Todo miembro debe ver la necesidad de ganar al mundo, de recibir poder del Espíritu Santo; de depender de la palabra de Dios y de participar en el trabajo: (1) acercándose al inconverso, (2) predicando el evangelio, (3) discipulado."*[145]

Por otra parte en su libro Manual de Iglecrecimiento el Dr. Juan Carlos Miranda dice que la participación de los miembros en el Iglecrecimiento debe ser:

a) Desear que la iglesia crezca,
b) Disposición para contribuir económicamente,
c) Disposición para dar tiempo y energía,
d) Disposición para sacrificar el compañerismo; no sólo debemos convivir, sino hacer discípulos.[146]

Cada uno de los doctores discurre acerca de cómo debe ser la participación de los miembros presentando diferentes mecanismos. Pero una cosa singular afirman todos: "Todo miembro debe participar activamente. Si la iglesia va a crecer, no hay lugar para espectadores." Es interesante notar que los cuatro axiomas del Iglecrecimiento que presenta el Dr. Juan Carlos Miranda, tres se refieren a la congregación y sólo una al pastor, a la letra dice así:

1) El pastor debe querer que la iglesia crezca, y debe estar dispuesto a pagar el precio.
2) La congregación debe querer que la iglesia crezca y estar dispuesta a pagar el precio.
3) La congregación y el pastor deben estar de acuerdo con la meta evangelística, de "hacer discípulos"
4) La congregación no debe padecer de ninguna enfermedad mortal.[147]

Toda iglesia debe estar interesada en crecer, y si no sabe cómo hacerlo, debe aprender involucrando al mayor número posible de miembros. No debemos olvidar la respuesta que diera el Dr. John Mathison, cuando lo interpolaron diciendo: ¿Cuándo se puede considerar una iglesia lo suficientemente grande? A lo que él respondió: *"ninguna iglesia será lo suficientemente grande, mientras en su área de ministerio, haya alguien que todavía no se convierta en discípulo de Cristo."*[148]

No importando la cantidad de miembros, que tenga nuestra iglesia, debemos tener la meta de crecer, involucrando al mayor número posible de miembros. No es casualidad que en las iglesias de mayor crecimiento, están involucrando activamente el ochenta por ciento de sus miembros y en las de escaso crecimiento sólo participen de ocho al doce por ciento del total de sus miembros, y en muchas sólo trabajan los líderes reconocidos con credenciales, o de tiempo completo.[149]

En la encuesta realizada a las cuatro iglesias de la ciudad de Durango, (mencionadas en la gráfica anterior) pudimos darnos cuenta de esto, ya que en las iglesias de poco crecimiento, el noventa por ciento de las personas nuevas llegan a la iglesia, por una necesidad física, espiritual o económica y no por invitación o evangelismo personal de alguno de los miembros. Sin embargo en una iglesia en donde se están reproduciendo rápidamente, es porque el ochenta por ciento de los que llegan a la iglesia por primera vez fueron invitados o evangelizados por alguno de los miembros.

Otro dato muy importante es que la permanencia de las personas en la iglesia depende mucho de la forma en la que llegan a la iglesia por primera vez. Si fueron invitados habrá un vínculo que los une; pero si llegaron solos, por una necesidad, en cuanto ésta sea suplida se irán, no permaneciendo en ella.

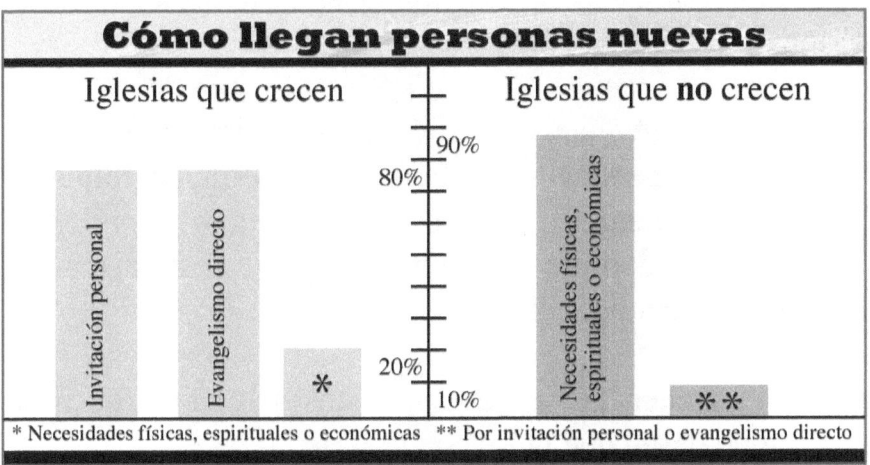

En el libro de los Hechos, vemos que fueron involucrados a un mayor número de personas en el trabajo de la obra, según las necesidades de la Iglesia.

Hechos 6:1-7 Siete diáconos de los cuales dos, por lo menos, fueron predicadores usados y ungidos por el Espíritu Santo, Esteban (Hechos 6:8) y Felipe (Hechos 8:5; 26-40).

Después en la diáspora ocasionada por Saulo de Tarso dice la escritura: *"Pero los que fueron esparcidos iban por todas partes anunciando el evangelio"* (Hechos 8:4). Saulo se convierte e inmediatamente inicia el ministerio de la predicación en Damasco (Hechos 9:20-22). Cornelio no podía dejar de compartir su experiencia, así es que invitó a sus parientes y amigos (Hechos 10:24).

En Hechos 11:19-21, vemos que el evangelio llegó hasta Fenicia, Chipre, Antioquia y Cirene a causa de los que habían sido esparcidos, por causa de la persecución de Esteban.

Cada creyente entendió su propósito: compartir a Cristo a cada persona sobre la faz de la tierra, sin importar raza, color, lengua, sexo o credo. Según Smith una congregación comprometida es aquella que está dispuesta a pagar el precio del crecimiento:

1) Tienen que estar dispuestos a seguir a un líder que desea que la Iglesia crezca.
2) Tiene que ver con el dinero, el tiempo, los talentos y los dones, los cuales deben estar al servicio de la Iglesia.
3) Curarse de las enfermedades eclesiásticas (hay que eliminarlas si queremos crecer).
4) Estar dispuestos a adiestrarse como líderes, hay cinco clases de líderes:

a) Líderes no pagados cuyo trabajo se realiza dentro de la misma iglesia, como los maestros de la escuela dominical, los consejeros, ujieres, diáconos.
b) Líderes que trabajan fuera de la iglesia haciendo visitas de consejería, evangelismo.
c) Líderes que dirigen grupos pequeños de la iglesia, con o sin remuneración económica (se cubren sus pasajes).

d) Líderes contratados y pagados por la iglesia, como los pastores a tiempo completo, los directores de música o de educación cristiana.
e) Líderes a nivel denominacional, nacional o internacional.

5) Invitar a aquellos que no son cristianos, el plan Andrés: "me comprometo a orar diariamente por cada uno de los siguientes amigos, parientes (lista de cinco a diez) hasta que ellos lleguen a conocer a Cristo.[150]

Trabajo en equipo o ministerio pluripastoral

Este principio al igual que los anteriores es de suma importancia y está registrado a través de toda la Biblia desde el Génesis hasta el Apocalipsis. Recordemos que "cordón de tres hilos es difícil de romper". A continuación pondremos algunos ejemplos bíblicos para dar mayor énfasis a este principio.

Los doce apóstoles (Hechos 11:12; 6:1-4), Pablo y Bernabé (Hechos 13:1), Pablo siempre tenía un equipo de uno o más integrantes (Filipenses 4:2, 3; 2 Timoteo 4:10-13; Tito 1:5) sólo en dos ocasiones estuvo solo: una en Atenas, pero no pudo establecer una iglesia fuerte (Hechos 17:10-34); la segunda cuando llegó a Troas y no encontró a su "equipo" (2 Corintios 2:12, 13) como estaba programado. Al darse cuenta que no podía hacer mucho salió a otro lugar. Ejemplos: la Trinidad (Génesis 1:1, 2, 26; Juan 1:1-3; 5:33 b; 6:38; 16:6, 7); Noé y sus tres hijos (Génesis 5:9ss); Moisés y Aarón (Génesis 4:14-16); Moisés y los setenta ancianos (Génesis 18:22); David y sus hombres (1 Crónicas 9:10-34); en (Hechos 6:1-7) vemos dos equipos, uno ministerial y el otro administrativo.

El trabajo en equipo es: un trabajo realizado por varios socios, cada cual haciendo una parte, donde todos deponen la preeminencia personal ante la eficiencia del conjunto (Eclesiastés 4:9). En su libro La dinámica del Iglecrecimiento, Fred H. Smith, enumera los siguientes requisitos para que un equipo funcione bien:

1) Un líder reconocido y aceptado por los demás. Si bien cada miembro del equipo comparte autoridad y responsabilidad juntamente con los otros, sin embargo requiere un líder que responda por el equipo frente a las debidas autoridades, que dirija las sesiones del equipo; y que sea cabeza reconocida frente a la iglesia.

2) Un objetivo común.

3) Una estrategia (metas y metodología) común.

4) Cada miembro sabe exactamente cuál es su parte en la estrategia (cada uno tiene una descripción de trabajo).

5) Cada miembro respeta y confía en los otros y lo que cada uno aporta a la estrategia.

6) Un amor profundo y leal entre los miembros del equipo. Ningún miembro debe estar en competencia con otro; ni en la estrategia, ni en su posición. Cada miembro tiene que darse cuenta que es necesario pero no indispensable.

7) Cada uno tiene que ser libre para expresarse en

cuanto a ideas, cambios y quejas. Poder hablar abiertamente uno con otro. Hay líneas de comunicación.[151]

Una persona sola fácilmente se puede desanimar, pero cuando son varios, el uno al otro se animan y esto redundará en el crecimiento de la iglesia.

Visión.
(Tener ojos de Iglecrecimiento)
filosofía ministerial y metas.

Algunos eruditos del Iglecrecimiento tratan a cada uno de estos principios como tres incisos aparte; pero desde nuestro estudio lo veremos como uno solo, ya que la filosofía de ministerio, determina nuestra visión y establece nuestras metas. Al ser humano le gusta saber a dónde va y qué necesita para llegar.

La iglesia que no establece metas no está siguiendo el ejemplo de Cristo (Mateo 16:18; 28:9, 20; Hechos 1:8) o de la iglesia de Jerusalén y Pablo (Hechos 4:12; 5:20; 9:15; 14:47; 16:10; 18:27; 21:12-14; 26:15-18). La iglesia que no establece metas no crecerá mucho, ni sabrá si realmente ha progresado de un año a otro en su crecimiento espiritual o numérico. Smith citando a Wagner nos da seis ventajas de establecer metas para crecer:

1) Hace el trabajo más eficaz.
2) Media la efectividad de nuestra metodología.
3) Indica los ajustes que tenemos que hacer de vez en cuando.

4) Verifica el equipo.
5) Provee una forma de rendir cuentas.
6) Dirige a los que quieran seguir nuestros pasos.[152]

Para que una meta sea buena tiene que establecerse un tiempo límite dentro del cual va a lograrla. Una meta no medible realmente no es una meta.

En el libro de los Hechos 1:8, vemos la filosofía ministerial para la iglesia: *"Me seréis testigos en Jerusalén, Judea, Samaria y hasta lo último de la tierra"*. Esta filosofía estableció las metas, de tal forma que en Hechos 8:2 vemos que llegaron a Judea y en el versículo 5 vemos que Felipe predica en Samaria y después a todo el mundo conocido de ese entonces, porque su meta era llenar el mundo con el evangelio y lo lograron.

Su visión era con "ojos de Iglecrecimiento" ya que en todos los lugares donde veían gente, veían una iglesia formada y creciente de tal manera que el texto dice: "… iban por todas partes anunciando el evangelio" (Hechos 8:4). Ya en Hechos 11:19 dice que llegaron hasta Fenicia, Chipre y Antioquia.

También establecieron su tiempo para lograr sus metas por ejemplo en Antioquia estuvieron Bernabé y Saulo durante un año (Hechos 11:26). En Corinto estuvo durante un año y medio (Hechos 18:11) y en Éfeso dos años (Hechos 19:10).

La iglesia novotestamentaria trabajó y creció, porque

tenían una filosofía ministerial que les ayudó a establecer sus metas para lograr alcanzar su visión: conquistar el mundo con la predicación del evangelio. Cada filosofía de ministerio debe ser hecha con mucha oración, paciencia e investigación en cuanto a la realidad de su contexto.

No padecer ninguna enfermedad eclesiástica.

En primer lugar, en el libro de los Hechos no están enmarcadas cada una de las enfermedades que estudiaremos, pero si padecían varias de las que mencionaremos. Una enfermedad eclesiástica es simplemente una situación dentro de la iglesia local que impide tanto el desarrollo espiritual, como el numérico.[153]

La desnutrición. Sucede cuando la enseñanza bíblica es de pobre calidad. Hay un dicho, en la ciencia del Iglecrecimiento, que dice: "ovejas hambrientas buscarán su comida". Una razón del problema de la falta de asistencia en la iglesia de Jerusalén (Hebreos 10:25) bien pudo haber sido la dependencia en cuanto a la enseñanza de "leche" y la falta de "carne" (Hebreos 5:11; 6:3).

¿Cómo puede curarse de esta enfermedad? Tiene que mejorar el nivel de estudio bíblico dentro de la iglesia. Lamentablemente la enfermedad tiene que ver, más que nada, con el pastor o el encargado de la iglesia que da estudios bíblicos de pobre calidad y predicaciones que son pura leche.

Otra razón podría ser que la iglesia demandará tanto trabajo de sus líderes, que no le dejen tiempo para preparar estudios que contengan alimentos sólidos como la carne. Vemos una situación similar en Hechos 6:1-7. A los apóstoles se les encargaba con tantas responsabilidades que amenazaban terminar con la imprescindible: la oración por la iglesia y la preparación de estudios para alimentarla (Hechos 6:4). Algunas iglesias están estancadas o decreciendo, porque sus pastores no están dedicando tiempo a la oración y al estudio profundo de la palabra de Dios.

Un error en que han caído muchas iglesias es nombrar por maestros a cualquier hermano o hermana que esté dispuesto a hacerlo, sin considerar si tiene la habilidad y capacidad de enseñar. "No enseñar es mejor que dar una mala enseñanza que podría llevar a alguien a una herejía.[154]

El síndrome de Elí. Aparece cuando la segunda generación de cristianos no ha tenido su propio encuentro con Jesús, tiene una fe cristiana que mantiene su forma, pero no el poder original. Es un cristiano que llega a ser nominal y por ende, menor en calidad de la que Dios exige de sus seguidores.

En 1 Samuel 2:33, 34, vemos a un hombre de Dios, que no controló bien a su familia. Después Dios puso a Samuel (1 Samuel 2:35). Pero también Samuel contrajo la enfermedad (1 Samuel 8:3); los hijos de Samuel no fueron mejor que los de Elí.

¿Cómo se puede curar esta enfermedad eclesiástica? La solución se encuentra en Apocalipsis 3:19 "Yo reprendo y castigo a todos los que amo; sé pues, celoso y arrepiéntete" ¡Se cura con el arrepentimiento! Es necesario que cada generación tenga su propio encuentro con Jesús.

La ceguera social. Sucede cuando la iglesia no se da cuenta que cada grupo de personas requiere una metodología única para alcanzarla con la efectividad del evangelio[155]. El término "efectividad" es clave debido a que cada grupo homogéneo de personas exige una metodología distinta. La metodología para alcanzar a un cierto grupo de repente no daría ningún resultado en otro. Se nota aún en la vida de Cristo, en como él cambió su metodología de acuerdo al grupo, los pobres, los ricos, los religiosos y otros.

Koinonitis. Aparece cuando la iglesia local no quiere que otros, aunque sean de su propio grupo homogéneo, traten de entrar en su círculo de compañerismo.[156] La iglesia se concentra mayormente en sus compañeros de siempre y en su propio desarrollo espiritual y no se preocupa de la gente de su comunidad. Su lema es: "pensamos alcanzar la calidad y no la cantidad". Juan Carlos Miranda define: "Koinonitis: "Inflamación fraternal", o sea, que las personas llegan a ser espiritualmente egocéntricas –interesadas únicamente en sí mismas- y comienzan a sufrir de miopía evangelística, interesándose sólo en la satisfacción propia. Se fomenta una mentalidad tan celestial, que no sirve de mucho aquí en la tierra."[157]

A veces esta enfermedad es confundida con la ceguera social. La diferencia es que la Koinonitis cierra las puertas de la iglesia a cualquiera, aún a los de su propio grupo de gente, mientras la ceguera social permite la entrada de los de su propio grupo homogéneo, pero no de otros. Esta enfermedad la tuvo la iglesia de Jerusalén, ya que en el primer sermón tres mil se convirtieron, en el segundo cinco mil. Sin contar mujeres, ni niños. Además el Señor añadía cada día los que habían de ser salvos. Llegó a tal desarrollo esta enfermedad que olvidaron la filosofía ministerial.

Dios en su infinita gracia tuvo que enviar una persecución, para que sanara de su enfermedad y para que volvieran a tomar su visión "alcanzar al mundo para Cristo".

Para sanar esta enfermedad la iglesia tiene en primer lugar que reconocer que la tiene. La Koinonitis es como cáncer. Desde el principio, los miembros tienen que enseñar la universalidad de la iglesia a los miembros nuevos y que cualquiera que Dios mande a sus puertas debe ser recibido con gozo y alegría.

Santiago 2:1-7 debe ser un pasaje bien entendido por todos, el cual también es apropiado para la enfermedad de la ceguera social.

Una buena manera de evitar esta enfermedad maligna es formando "comités de bienvenida". Además de la formación de un programa misionero. Las iglesias que sufren de Koinonitis normalmente son las que no tienen una visión misionera. Si se gasta más para el programa interno de la iglesia que para el externo, ya tiene síntoma de koinonitis.

Etniquitis. Esta se adquiere cuando la comunidad cambia, pero la iglesia no. Son "iglesias culturalmente distantes."[158] Quiere decir que las personas fuera de la iglesia no quieren entrar porque se sienten marginadas por las costumbres tradicionalistas, el lenguaje místico y la forma de adoración diferente conocida por la comunidad.

La etniquitis es una enfermedad clasista; de manera premeditada e intencional, no aceptan una clase social diferente dentro de la iglesia. Esta enfermedad se había desarrollado en las iglesias de las doce tribus de la dispersión (Santiago 2:1-7) en donde se marginaba al pobre y sólo se recibía con agrado al rico.

Esta enfermedad es un pecado que tiene que ser eliminado de la Iglesia de Cristo, recordando que ante el Señor no hay judío, ni griego, ni esclavo, ni libre, ni hombre, ni mujer; sino que todos somos iguales ante sus ojos.

La etniquitis es una enfermedad mortal. Pedro Wagner le dijo a Fred Smith: ¿No sabes que es mejor dar a luz que levantar a los muertos?[159] También se cura cambiando de lugar geográfico.

Redefiniendo: La ceguera social es una enfermedad

que cierra las puertas de la iglesia a cualquier otro grupo de personas, sea quien sea. La Koinonitis: es la que pone el énfasis en todo lo que hace adentro, olvidando que hay un mundo perdido que necesita a Cristo. Y la Etniquitis es cuando la iglesia no quiere abrirse a un grupo de personas que se están concentrando en la vecindad en donde se encuentra la iglesia.[160]

Ociositis. Es la enfermedad que sufre la iglesia cuando los miembros no quieren hacer nada o hacen muy poco.[161] Tienen el concepto de que sólo el pastor o un pequeño grupo, deben hacerlo todo. Los miembros son "consumidores" y no "productores". Los casos son: primero, los mismos pastores no quieren que la gente los ayude; segundo, los miembros no saben qué hacer, ni cómo hacerlo, además de que no quieren saber cuál es su responsabilidad, ni aprender cómo cumplirla.

Para sanar esta enfermedad; primero, hay que crear un programa de adiestramiento acerca de la necesidad de poner en uso los dones del Espíritu Santo que cada uno tiene. Segundo, hay que aprender a compartir la responsabilidad, y tercero, aprender a delegar autoridad como inherente a la responsabilidad.

Parece ser que esta enfermedad estuvo penetrando en la iglesia de Éfeso; por eso Pablo escribe: "el que hurtaba, no hurte más, sino trabaje" (Efesios 4:28) y le escribe a Timoteo que estaba en Éfeso para que tengas cuidado con las viudas más jóvenes, para que no anden de ociosas (1 Timoteo 5:13). También le escribe a los tesalonicenses para que "amonesten a los ociosos" (1 Tesalonicenses 5:14).

El tradicionalismo y/o legalismo. Es cuando el pasado interrumpe el presente impidiendo los cambios necesarios a fin de progresar.[162]

Las tradiciones son buenas... hasta que comienzan a estorbar el desarrollo de la iglesia. Las iglesias que se aferran a sus tradiciones están en peligro de agregar su nombre a la larga lista de aquellas que han perdido su vigor y poder, por quedarse arraigadas al pasado.

El tratamiento de esta enfermedad es un poco drástico y puede requerir tiempo. La curación es marginar a los tradicionalistas y/o legalistas del proceso de tomar decisiones en la iglesia. Fred Smith dice aquí entra el conflicto entre los "pioneros" y los "colonos".

Los pioneros son los que han estado en la iglesia más de diez años y los colonos son los que tienen menos de cinco años en la iglesia. Entre los seis y diez años son cuando los colonos poco a poco se van acoplando a las tradiciones y dogmas ya establecidas o a las que ellos mismos han iniciado.[163]

Siempre es bueno tener en la directiva de la iglesia algunos miembros que tengan menos de cinco años de membresía. Así las antiguas tradiciones no serán dogmas. Este problema se presentó en las iglesias del primer siglo; ya que los judaizantes querían, que por su "tradición" todos los gentiles se circuncidaran. Fue tan fuerte el problema que tuvo lugar el primer concilio de la iglesia en Jerusalén (Hechos 15:1-35), llegando a la siguiente conclusión, con la dirección del Espíritu Santo: *"por lo cual yo juzgo que no se inquiete a los gentiles que se conviertan a Dios, sino que les escriba que se aparten de las contaminaciones de los ídolos, de fornicación, de ahogado y de sangre"* (Hechos 15:19-20). También Pablo enfrentó ese problema de tal manera que se ve precisado a escribir la carta a los Gálatas:

Gálatas 1:6	"Estoy maravillado de qué tan pronto se hayan alejado... para seguir un evangelio diferente"
Gálatas 3:1	"¡Oh Gálatas insensatos! ¿Quién os fascinó para no obedecer a la verdad...?"
Gálatas 3:2	"¿Recibisteis el Espíritu por las obras de la ley, o por el oír con fe?"
Gálatas 3:3	"¿Habiendo comenzado por el Espíritu, ahora vais a acabar por la carne?"

Estas enfermedades de tradicionalismo y legalismo están impidiendo que muchas iglesias crezcan más. En una iglesia en Guatemala, el primer letrero que estaba en la entrada era: "las mujeres no vestirán ropa de varón (pantalones)".

Una mentalidad de "pionero", que ya es tradicionalista, es cuando dice: "no tenemos líderes que nos ayuden". Cuando esto sucede es tiempo de cambiar de liderazgo sino queremos estancarnos y empezar a decrecer.

La cooperación excesiva. Esta enfermedad se produce cuando la iglesia cree que su falta de crecimiento o decrecimiento cambiará al organizar con otras iglesias, una campaña unida.[164] En ciertos casos podemos cooperar con otras iglesias, pero el propósito de la cooperación no debe ser para lograr el crecimiento. Los estudios demuestran que los resultados de esta clase de cooperación no son muy buenos. En realidad no contribuyen para promover el crecimiento de la iglesia.[165] Podemos unirnos con otras iglesias para resolver un problema de cualquier índole, para ir al campo con otras iglesias, pero para ganar almas es mejor que la iglesia local prepare su propio programa, usando los principios del Iglecrecimiento. En realidad, esa es la forma de sanar la enfermedad de cooperación excesiva.

La casa sola o comesolito. Es una enfermedad opuesta a la cooperación excesiva. Es la enfermedad donde la iglesia se aísla de todas las demás iglesias evangélicas.[166] Algunas de las razones del aislamiento son:

- La ignorancia de lo que creen o hacen las otras iglesias.
- La indiferencia, como si no existieran otras iglesias.
- El orgullo, piensan que son más "espirituales" que los demás.
- La historia, que otras iglesias hayan hecho algo "malo" contra ellos (robar sus miembros por ejemplo).
- No creen igual que ellos.

· El temor del efecto que pueden tener sobre ellos.

¿Cómo sanar? Una forma es que los pastores y líderes de las diferentes iglesias se reúnan para conocerse. Otra forma es que la iglesia (sus miembros) se reúnan de vez en cuando para tener alguna actividad juntos.

La vejez. Esta enfermedad se desarrolla de dos formas diferentes. La primera es la que se relaciona con una congregación que se encuentra dentro de un pueblo moribundo. Por ello la iglesia envejece y muere, pues nunca reemplaza con nuevos miembros a aquellos que han perdido.[167] En este caso no tiene que ver con la edad de la iglesia, ni la de su membresía, sino se refiere a la edad de la comunidad.

Aparece cuando las personas salen a otros lugares y no llegan nuevos miembros para tomar su lugar. Esta enfermedad no tiene solución si el pueblo no empieza a tomar vida nueva. Es una enfermedad mortal y no se puede sanar. No podemos culpar ni a la iglesia, ni al pastor, ni a los miembros. La iglesia muere porque el pueblo muere.

En varios lugares del área rural de Oaxaca, la Mixteca por ejemplo está pasando esto, ya que por la falta de empleos y recursos muchos salen a las ciudades para trabajar dejando casi pueblos fantasmas. Hace casi dos años se dio este mismo fenómeno en Pluma Hidalgo. Por la baja del precio del café, muchos emigraron, dejando a la iglesia casi vacía.

El segundo tipo de vejez, es cuando una iglesia se ha estancado y logra mantener una membresía pobre. Toda la comunidad conoce a los creyentes, pero ninguno fuera de ellos se congrega en el lugar. Es una iglesia que no tiene deseos de crecer y por lo tanto no tiene proporciones para medir el crecimiento o el estancamiento de su iglesia. Se ha perdido la visión y se ha caído en el conformismo. Según Fred Smith hay proporciones para medir todo crecimiento o estancamiento de una iglesia:

Si una iglesia no tiene estas proporciones, es una iglesia que está envejeciendo y muriendo.

Proporciones

Proporción 1:5 Por cada **cinco** miembros en la junta administrativa de la iglesia (**uno**) debe tener menos de tres años como miembro de la iglesia.

Proporción 1:7 Un miembro nuevo debe poder identificar a **siete** amigos en la iglesia, en los primeros seis meses de su entrada a la misma.

Proporción 3:10 De cada **diez** personas que visitan la iglesia por primera vez, **tres** de ellos deben estar involucrados activamente en la iglesia dentro del primer año de su llegada

Proporción 60:100 Por cada **cien** miembros debe haber **sesenta** puestos de trabajo (desde los más fáciles hasta los más difíciles). Si no sabe qué trabajos hay, tampoco conoce sus dones y por ende no puede administrarlos bien.[168]

La estrangulación social. Surge Cuando los edificios de la iglesia, o el lugar del estacionamiento, en caso de tenerlo. No tienen capacidad para las personas que recibe.[169] La regla dice que es muy posible que la iglesia esté perdiendo miembros cuando más del ochenta por ciento del santuario está lleno.[170]

Hay varias maneras de solucionar los problemas que acompañan esta enfermedad. En primer lugar y como algo ideal, sería necesario construir un templo más grande. La segunda alternativa puede ser la duplicación de cultos. En lugar de tener un solo culto de adoración se puede tener dos o tres o los que sean necesarios. Y la tercera alternativa es abriendo obras de expansión, lo cual es extender la iglesia madre fuera de sí misma y abrir una obra nueva en otro lugar estratégico. Esta enfermedad la padecen las iglesias "Convivencia Cristiana" y "El Salvador" de periférico en Oaxaca.

Si cuidamos de no enfermarnos de alguna de estas enfermedades que pueden ser mortales, ya estamos consiguiendo una gran parte del éxito en el crecimiento de nuestra iglesia y organización.

---

[132] Paul Yonggi, Cho. Mucho más que números. P. 20
[133] Pedro Wagner, Su iglesia puede crecer. pp. 40, 41
[134] Smith, Op. Cit., p. 93
[135] Ibíd., pp. 93 –102
[136] Miranda, Op. Cit., p. 57
[137] Ibíd., pp. 52 – 54
[138] Cho, Op. Cit., pp. 10 – 20
[139] Walker, Op. Cit., pp. 34 – 36

[140] Wagner, Op. Cit., pp. 37 – 39
[141] Cho, Op. Cit., p. 24
[142] Wagner, Op. Cit., p. 28
[143] Cho, Op. Cit., p. 34
[144] Wagner, Op, Cit., pp. 40, 41
[145] Robert Bolton y Evelyn, Compartamos las buenas nuevas, pp. 14 – 104
[146] Miranda, Op. Cit., pp. 59 – 62
[147] Ibíd., p. 52
[148] Walker, Op. Cit., p. 36
[149] Encuesta realizada en las iglesias de Durango, México, 1991.
[150] Smith, Op. Cit., pp. 103 – 108
[151] Ibíd., pp. 144 – 148
[152] Ibíd., p. 112
[153] Ibíd., p. 54
[154] Ibíd., p. 55
[155] Ibíd., p. 59
[156] Miranda, Op. Cit., p. 62
[157] Smith, Op. Cit., p. 64
[158] Ibíd., p. 62
[159] Smith, Misión, p. 6
[160] Smith, La dinámica del iglecrecimiento, p. 68
[161] Ibíd., p. 68
[162] Ibíd., p. 69
[163] Ibíd., p. 71
[164] Wagner, Sus dones espirituales pueden ayudar a su iglesia a crecer. P. 20
[165] Smith, Op. Cit. p. 73
[166] Ibíd., p. 74
[167] Ibíd., p. 75
[168] Ibíd., pp. 164 – 166
[169] Ibíd., p. 75
[170] Wagner, Op. Cit., p. 184

Capítulo 6

Los Principios Sociológicos

stos principios tienen que ver con aspectos sociales, pero no por eso dejan de ser bíblicos ya que tiene su arraigo en la Palabra del Señor.

El dinero

En la Iglesia es necesario para hacer posible su crecimiento. El dinero es un principio sobreentendido y necesario. Nunca debemos olvidar que el mensaje del amor de Dios y su salvación para un mundo perdido es gratis, más la predicación es costosa. Las iglesias que por fe se lanzan a la obra del Señor serán bendecidas en el área económica. Ha sucedido tantas veces que casi está llegando a ser "un principio".[171]

En la Iglesia primitiva también hubo necesidad de poner en práctica este principio "dinero" para tener los recursos necesarios para atender a las necesidades y para predicar el evangelio. En Hechos 2:45, leemos "y vendían sus propiedades y sus bienes, y lo repartían a todos según las necesidades de cada uno".

"... Porque todos los que poseían heredades o casas, las vendían, y traían el precio de lo vendido, y lo ponían a los pies de los apóstoles; y se repartía a cada uno según su necesidad" (Hechos 4:34b-35).

El apóstol Pablo agradeció a los filipenses porque lo apoyaron económicamente al estar en Corinto y aún en Tesalónica (Filipenses 4:15-18; 2 Corintios 11:9; Hechos 17:1). Aún el Señor Jesús tuvo a su tesorero para suplir las necesidades económicas del bando apostólico en la predicación del evangelio y en la extensión del reino (Juan 12:5-6).

Un lugar estratégico

Si la iglesia está ubicada en un lugar visible y bien transitado, tendrá más posibilidades de crecer que otra que se encuentre en uno menos visible. La iglesia en una calle principal puede alcanzar a toda la cuidad, mientras que otra que este dentro de un barrio va a alcanzar solamente dicho barrio. Podemos ver que el apóstol Pablo reconoció este principio, como lo encontramos en Hechos 13:1, 5, 6, 13, 52; 14:1, 6, 20; 16:6, 8; 17:1, 10, 15; 18:1, 19; 19:1.

La mayoría de las veces, la cosecha de personas

receptivas está en las ciudades. La iglesia ha vivido muchos años con el afán de alcanzar a la gente más dura mientras que pierde a la más receptiva.

Este problema lo tiene la iglesia "El Divino Redentor" que abrió misiones en Santo Domingo, Santa María Albarradas y San Juan del Río, pero pasaba Tlacolula y Mitla, poblaciones más grandes, y una de ellas un municipio de la ciudad de Oaxaca, pero jamás se abrió obra en esos lugares.[172]

Hasta la década de los ochentas, por lo menos el enfoque principal de las misiones todavía se encontraba en los lugares más lejanos. Por ejemplo, en toda la cuenca del amazonas del Brasil, habitaban ciento treinta y seis mil habitantes con 250 misioneros, mientras que en los estados de Catarina y Río Do Sur había nueve millones de habitantes con doscientos cincuenta misioneros. En Bolivia había nueve mil universitarios con sólo una pareja misionera, mientras que en la selva de Bolivia había ciento cuarenta misioneros tratando de evangelizar a menos de nueve mil habitantes.[173]

En Latinoamérica el 72% de la población actualmente vive en las ciudades. Se estima que para el año 2015, este porcentaje será de un 82%, el más elevado de todos los continentes.[174] Razón por la que los lugares estratégicos ahora, están en las ciudades y no en el campo (área rural). McGavran dice: "Que las iglesias que crecen son aquellas que consciente o inconscientemente descubren poblaciones receptivas y lugares receptivos. El requisito necesario para un mayor crecimiento de la iglesia es mantener una "conexión vital" entre cristianos y mundanos y nada logra establecer esta conexión con mayor efectividad que una continua corriente de conversiones de personas antes cautivos del mundo.[175]

El puente

El 86% de los que llegan a la iglesia lo hacen por medio de un amigo o pariente que lo invitó. Es decir, esta nueva persona llegó a la iglesia por medio de un "puente".[176] El principio funciona según la dinámica de cualquier puente que une dos puntos y permite que lo de un lado del obstáculo llegue al otro lado. El obstáculo puede ser un río, un abismo o el pecado. Si el obstáculo es el pecado, el puente es el cristiano. Cada cristiano debe ser un puente 2 Corintios 5:19-20. Nuestro deber es estimular más el uso de este principio simple y fácil para ponerlo en práctica. En el libro de los Hechos también encontramos este principio cuando Cornelio invitó a sus parientes y amigos íntimos (Hechos 10:24); cuando Lidia y su familia se bautizaron (Hechos 16:14, 15); cuando el carcelero de Filipos en compañía de toda su familia nacieron de nuevo (Hechos 16:27-34).

La hora de la cosecha

Una señal de que está lista la cosecha de un pueblo, ciudad o país es cuando una buena cantidad de personas comienza a convertirse al evangelio.[177] Juan Carlos Miranda citando a Pedro Wagner y John Stott dice: *"La naturaleza del evangelio es la comunicación de las buenas nuevas. El propósito del evangelio es dar a los individuos y grupos una oportunidad válida de aceptar a Jesucristo, la meta del evangelio es persuadir a hombres y mujeres para que lleguen a ser discípulos de Jesucristo y que le sirvan a Él en la comunión de su iglesia."*[178]

Y eso se logra conociendo el tiempo de la cosecha de un pueblo. Este principio está muy ligado con la receptividad/resistencia del pueblo, Miranda habla de esto mismo a través de lo que él llama la estrategia bíblica:

1) La parábola de los talentos (Mateo 25:14-30) nos ayuda a invertir nuestros talentos y dones en la obra del Señor.

2) La parábola de los terrenos (Mateo 13:1-23) nos ayuda a descubrir los tres terrenos resistentes y el que es receptivo.

3) La parábola de la cosecha (Mateo 9:37, 38) nos habla de cuán madura está la cosecha, y que lo que hace falta son obreros que la recojan.

4) La gran cena (Lucas 14:16-23) parábola práctica, si un grupo no acepta, muévete a otro grupo (forzalos a entrar).[179]

Para conocer un poco más del tiempo de la cosecha, la resistencia y la receptividad del pueblo mexicano, se incluye un estudio realizado por el Dr. Donald McGavran y que se publicó en 1966 en su libro titulado "El crecimiento de la iglesia en México" en donde trata los elementos que producen iglesias estáticas en México.[180]

Los 10 "Méxicos"

Mx-1	Ciudad de México o el D. F., siendo una ciudad cosmopolita
Mx-2	Las ciudades liberales; Monterrey y Torreón
Mx-3	Ciudades conservadoras Guadalajara, Guanajuato, Aguascalientes, San Luis Potosí y Durango. Por razones históricas, geográficas, sociales y políticas, se han mostrado reacias al evangelio
Mx-4	Herméticos. Todos se conocen; no aceptan el evangelio
Mx-5	Ranchos romanos. Donde la iglesia católica romana, ejercía un dominio absoluto
Mx-6	Ranchos revolucionarios y ejidos. La iglesia católica influenció en aquellos campesinos una profunda antipatía hacia Roma. La receptividad para el evangelio es mucho mayor potencialmente en los ranchos romanos
Mx-7	Tribus indígenas. Han conservado su pureza de raza y separación al grado de conservar sus idiomas; víctimas de la conquista española, a veces son Cristo-paganos fervientes. Según la tradición católica-romana, tienen sus templos y sus santos (sus antiguos dioses) y veneran a las vírgenes de su región, especialmente a la Guadalupe. Entre ellos es factible un acercamiento del pueblo en conjunto hacia Cristo
Mx-8	Tabasco, doce mil de sus habitantes son miembros de iglesias evangélicas. Esta comunidad asciende a por lo menos cuatro mil por año, una décima parte de la población total
Mx-9	La frontera del norte: particularmente los pueblos y ciudades situados en la línea divisoria. La influencia de EE. UU. se hace sentir en muchas formas en esta región fronteriza
Mx-10	Las masas urbanas. Son una de las características comunes a la sociedad humana. En todos los países y en todos los tiempos.

Entre estos diez Mexicos existía hace cien años una semejanza mayor. La diversidad ha aumentado.

A) la intensa oposición Católica-romana. Extinguió violentamente la reforma protestante en España y ordenó que las posesiones hispanas (la América Latina y las Islas Filipinas) fuesen herméticamente cerradas en contra de esta "minoría y desastrosa herejía". De hecho, se les prohibió la entrada a los protestantes a México.

B) El plan de Cincinnati. En 1917, en donde las juntas misioneras se asignaron los diversos campos, fue perjudicial a la causa protestante. Trastornó a todos los misioneros, separándolos de algunas de sus iglesias. Dividió a los evangélicos en colaboradores e invasores. Si este plan se hubiera cumplido al pie de la letra, la iglesia congregacional, con unos 300 miembros en nueve iglesias estáticas y pequeñas (cifras de 1962), hubiera sido la única fuerza protestante en más de 1000 Km. De longitud del estado de Sinaloa (jamás se hubiera impactado).

C) La estación misionera. Cuando algunas juntas misioneras encontraron discutida resistencia al evangelio, adoptaron una vía de acceso indirecta. El procedimiento fue el siguiente: cuando los poquísimos convertidos eran atacados por piedras, antorchas y pistolas por católicos, los evangélicos adoptaron un sistema que podría llamarse "gradual" convirtiéndose en instituciones de "servicio social". Nadie puede dudar que fue buena su labor. Prepararon a jóvenes y señoritas evangélicos, elevándolos de una esfera social anónima a la clase media. También impartieron una educación cristiana a buen número de católicos; pero no multiplicaron iglesias.

D) La falta de un programa de restauración. Las normas protestantes eran elevadas. Quienes caían en el adulterio, la ebriedad o la mundanalidad, abandonaban la iglesia pero rara vez regresaban a Roma. Más bien "se entregaban al mundo", por la falta de misericordia y un programa de restauración.

E) La falta de atención a los visitantes. Entre más se ve la iglesia como una sola familia, más difícil será para personas nuevas llegar a formar parte integrante de este mundo especializado (la iglesia). Al terminar el culto platican entre conocidos y no con los visitantes, el visitante pocas veces regresa.

F) La labor de los líderes nacionales. En términos generales puede decirse que si una iglesia estaba en constante crecimiento antes que la dirección pasara a los nacionales, seguirá creciendo bajo su gobierno; y si no estaba creciendo, seguirá estancada.

G) La sombra del norte. Ya que los misioneros vienen a México con "formas denominacionales de hacer las cosas" los que llamamos "proyecciones culturales". En EE. UU. Muchas veces se substituye una experiencia personal con Cristo por la membresía nominal en la iglesia por ejemplo, unos metodistas que conocimos, durante veinte años habían asistido a su iglesia, y no habían hecho ninguna contribución monetaria, pero se habían casado en su iglesia y habían mandado a sus hijos a la dominical. Le propuso el pastor que pusiéramos a este matrimonio en la lista de oración y que trataran de ganarlos para

Cristo. Y el pastor contestó. "No, eso sería robar ovejas". Cuando por proyección cultural, la actitud de este ministro norteamericano se hace sentir en México y alguna iglesia empieza a convencerse que llevar a Cristo a la multitud del mundo católico es robar ovejas, esta iglesia está condenada a una existencia raquítica.

H) El punto de vista inferior o pobre. Por considerarse un fin tan deseable, lograr que la gente "leyera la Biblia", a veces se eclipsaba la necesidad suprema de que ingresaran a la Iglesia como miembros en plena comunión y se diera el impulso al establecimiento de nuevas iglesias, llegando sólo a ser "simpatizadores". Ellos son lectores de la Biblia liberales y anticlericales que creen en Cristo, casi convertidos pero por una u otra razón no se unen abiertamente a la iglesia.

La Iglesia Novotestamentaria, a través de su liderazgo fue implantando iglesias en todo el mundo conocido de ese entonces porque conocieron el tiempo de la cosecha y la receptibilidad y resistencia del pueblo, ya que cuando no eran aceptados cambiaban de lugar de predicación. Por ejemplo en Antioquia de Pisidia predicaron primero a los judíos (Hechos 13:14-42); después a todo el pueblo (Hechos 13:44); pero cuando los judíos los rechazaron se fueron a los gentiles (Hechos 13:45-49) y lo mismo hicieron cuando los judíos los expulsaron en Iconio (Hechos 13:50, 51).

Cuando los expulsaron de Iconio, llegaron a Listra y Derbe (Hechos 14:1-7). Supieron por el Espíritu Santo que todavía no era la hora de la cosecha en Asía, ni en Bitinia (Hechos 16:5-8) pero conocieron que era el tiempo de cosecha en Macedonia (Hechos 16:9, 10). También conocieron el tiempo de cosecha en Corinto (Hechos 18:1, 9-11), y en Éfeso (Hechos 19:1-10). Fue tal la influencia de la "hora de la cosecha" que "todos los de Asía oyeron la palabra del Señor Jesús" (v. 10), lugar que algunos años atrás les había sido vedado por el Espíritu Santo.

El respaldo de una iglesia madre

Según Fred Smith cumple cuatro propósitos básicos, para un crecimiento sano:

1) Para que tenga una base de oración.
2) Para que les den ánimo y apoyo en los momentos difíciles.
3) Para que les sostengan económicamente si es necesario.
4) Para recibir orientación y consejos.[181]

Este principio también lo vemos en la Iglesia Novotestamentaria ya que la iglesia Jerusalén apoyó el surgimiento y crecimiento de la iglesia en Samaria enviando a Pedro y a Juan (Hechos 8:14-17). También cuando surgió la iglesia en Antioquia, la iglesia en Jerusalén envió a Bernabé, el cual fue por Saulo y se estuvieron un año enseñando a mucha gente (Hechos 11:19-26). Después la iglesia de Antioquia se volvió iglesia madre y misionera de tal forma que de ese lugar enviaron a los primeros misioneros a predicar el evangelio del reino al mundo conocido de ese entonces (Hechos 13:1-5). Ya que debemos recordar que la iglesia de Jerusalén no fue misionera por iniciativa propia o por un plan definido, sino por las circunstancias que ocasionó la Diáspora a causa de la persecución (Hechos 8:3-5).

Estrategias (el aquí y el ahora)

Esto es precisamente lo que nos lleva a desarrollar una metodología apropiada, a nuestra iglesia, a nuestro tiempo, a nuestra gente y a nuestra nación. Podríamos decir que todos los principios antes mencionados (espirituales, antropólogos y sociológicos) aplicados concretamente con la fresca unción del Espíritu Santo (para el momento y el tiempo en que se viva), determinarán la metodología a seguir. Por ejemplo la iglesia Frazer Memorial, enfatiza cuatro aspectos para crecer:

> 1) *La Adoración.* Es conocida como la iglesia donde tienen música excelente, incluyen coros y grupos musicales.
> 2) *La Enseñanza.* Cubren dos aspectos, el bíblico y el evangelizador.
> 3) *Comunidad y Compañerismo.* El espíritu de cordialidad y armonía resalta luego hacia los visitantes.
> 4) *Servicio.* Su mayor énfasis es ayudar a la gente a reconciliarse con Dios, y entre sí, lo hacen de dos formas: a) evangelizando entre amistades, b) evangelizando por medio de visitación cuidadosa y organizada.[182]

Walker, en su libro antes citado, dice que la iglesia Metodista de la Paz en Alemania Oriental, para su crecimiento enfatiza el trabajo en grupos pequeños y variados:

1) *Grupos de padres.* Para estructurar la comprensión de la fe cristiana entre padres e hijos.
2) *Grupos infantiles.* Se reúnen grupos de cinco a diez niños, que reciben educación cristiana, ya que por las distancias no pueden asistir a la escuela dominical.
3) *Grupos de jubilados y ancianos.*
4) *Evangelización personal.* Lo hacen participando cada uno de los miembros, en las fábricas, oficinas y escuelas.[183]

Si analizamos cada una de las iglesias que han tenido éxito en el crecimiento, podríamos llegar a la conclusión de que sus estrategias (metodología) han sido determinados por las diferentes circunstancias para lograr el crecimiento acelerado en su radio de acción y en el momento apropiado del Espíritu Santo.

En el libro de los Hechos también encontramos este principio. Por ejemplo, en Jerusalén predicaron en el Aposento alto el día del Pentecostés (Hechos 2:14-37) y tres mil personas se añadieron a la Iglesia (Hechos 2:38-41). Su metodología se basó en cuatro aspectos principales (la enseñanza, la comunión, el partimiento del pan y las oraciones). En Samaria la metodología fue la predicación con señales y maravillas (Hechos 8:4-13). En el camino de Jerusalén a Gaza, el método fue la enseñanza personalizada (Hechos 8:26-38). En Antioquia fue la enseñanza (Hechos 11:22-26); en Filipos se predicó a un grupo de mujeres (Hechos 16:11-15); en Tesalónica y Berea, primero fue a la sinagoga (Hechos 17:1; 2:10-12); en Atenas, la predicación fue en el areópago (Hechos 17:16-22); en Éfeso lo hizo en una escuela (Hechos 19:9-12); en Mileto fueron las células (Hechos 20:20) ... y por las casas...

Las diversas circunstancias determinaron un sin número de métodos para comenzar la proclamación y el crecimiento de la iglesia en todo el mundo conocido de ese entonces y lo es también ahora.

---

[171] Ibíd., p. 185
[172] Fui co-pastor de esa iglesia durante seis años, y obrero por cuatro.
[173] McGavran, Op. Cit., pp. 27 – 31
[174] Smith, Op. Cit., pp. 31, 32
[175] McGavran, Op. Cit., p. 152
[176] Smith, Op. Cit., pp. 122, 123
[177] Ibíd., p. 33
[178] Miranda, Op. Cit., p. 46
[179] Ibíd., pp. 28 – 30
[180] McGavran, Op. Cit. pp. 35 – 49
[181] Smith, Op. Cit., p. 150
[182] Walker, Op. Cit., pp. 25 – 33
[183] Ibíd., pp. 18 – 20

Capítulo 7

Palabras Finales

el análisis hecho a través de las encuestas, entrevistas, y documentos, podemos determinar que todos los principios espirituales, antropológicos y sociológicos son bíblicos y tienen su fundamento especialmente en el libro de los Hechos, los cuales son aplicables hoy en día a nuestra iglesia en cualquier parte del mundo. No la metodología, ya que ésta es circunstancial, (no declaramos que no sea necesaria, ya que lo más efectivo para anular el crecimiento es la falta de algún método). En otras palabras podemos decir, que aunque es importante el lugar, la gente y el tiempo, debemos trabajar con visión, dependiendo del Espíritu Santo para ponernos a tono con lo que Dios quiere hacer por nuestro conducto.

En segundo lugar, nunca debemos olvidar que hay que involucrar al mayor número de miembros en la operación del Iglecrecimiento. Larry Pate dice: *"La*

iglesia que quiera crecer necesita capacitar líderes, nadie es suficiente para hacer solo el trabajo."[184]

También planifiquemos la multiplicación y crecimiento para la conservación de los resultados. Seamos pragmáticos en la evaluación; si el método no funciona, cambiémoslo en dependencia divina, para así tener el crecimiento de nuestra iglesia, según el plan de Dios para nosotros. *"Usemos los métodos más prácticos (dentro de la voluntad de Dios) para lograr los fines deseados."*[185]

En todo nuestro trabajo de Iglecrecimiento desde el inicio, hasta el final, no debemos olvidar las tres características del Iglecrecimiento mencionadas por Donald McGavran en su libro Understading, Church Growth:

1) **Obediencia.** Al mandato de "id y hacer discípulos a todas las naciones": esta es la conducta del reino.

2) **Pragmatismo.** Método filosófico, según el cual el único criterio válido para juzgar la verdad de toda doctrina científica, moral o religiosa, se ha de fundar en sus aspectos prácticos. No significa esa clase de pragmatismo que trata a las personas como si fueran objetos y los deshumaniza.

No es un pragmatismo que compromete los principios doctrinales y éticos de la Biblia y del reino, tiene que ver especialmente con la metodología.

3) **Optimismo.** Nadie quiere pertenecer a un equipo

perdedor. Cultivemos el optimismo basado en las promesas del Señor.[186]

Iniciemos el trabajo con optimismo, basados en la promesa del Señor, en una actitud de sometimiento al Señorío de Jesucristo,[187] esperando los resultados en base al trabajo que hagamos y al mover del Espíritu Santo (la fuerza motriz) de todo quehacer eclesiástico, tengamos por cierto que si aplicamos cada uno de los principios bíblicos (espirituales, antropológicos y sociológicos), para desarrollar el trabajo del Iglecrecimiento, dentro de nuestras iglesias, en poco tiempo veremos un mover del Espíritu Santo manifestándose, principalmente en la conversión de almas y en la conservación de los resultados de una forma visible y palpable, llegando a tener iglesias pujantes, en un crecimiento espiritual y numérico.

En este trabajo no incluimos cómo desarrollar encuestas, cómo trabajar con gráficas y estadísticas, tampoco las pautas para medir el crecimiento numérico y espiritual de una iglesia, ya que esto tiene que ver más con métodos que con principios bíblicos.

Estos principios, no pretenden ser el ultra plus del Iglecrecimiento, sino solamente un grano de arena en la investigación bíblica para afirmar y sostener que Dios es el primero en estar interesado en que su Iglesia crezca tanto espiritual como numéricamente. Tampoco se pretende que fuera de estos principios bíblicos no haya otros, probablemente en poco tiempo se descubrirán muchos más. Pero lo que sí se ha comprobado es que los principios funcionan, en el tiempo de Dios, bajo su propia dirección y con la unción e inspiración del Santo Espíritu de Dios, lo único que necesitamos es ponerlos en práctica.

---

[184] Larry Pate, Como fundar iglesias, pp. 150-192
[185] Miranda, Op. Cit., p.18
[186] Donald McGavran, Understanding, Church Growth, p.40
[187] Miranda, Op. Cit., p.19

APÉNDICE

n este largo proceso de escribir, revisar, editar y volver a escribir, los tiempos han cambiado, la información se ha incrementado sobre manera, y eso nos va a llevar sin dudas a desarrollar un libro más sobre la historia del crecimiento de la Iglesia en América latina en combinación con el crecimiento o estancamiento de la iglesia en USA.

No pretendemos saber todo sobre el crecimiento de la Iglesia e indiscutiblemente siempre los escritores aunque procuramos ser objetivos, tendemos a tener subjetividad, ya que no se puede desasociar del escrito, la vida del escritor, su aprendizaje, su bagaje, su cultura, su formación, su idiosincrasia, su familia, en fin todo lo que tiene y lo que es, el autor se deja ver en sus escritos. Así es que si a través de este libro tú no estás de acuerdo con algunos puntos de vista, no te preocupes, pero espero que éste nos haya hecho reflexionar sobre el interés que

Dios tiene en el crecimiento de la Iglesia, que los Dones del Espíritu Santo son importantes, y que hay un precio que pagar, creo que lo principal es estar cerca del corazón de Dios, y conocer los planes que Él tiene para su Iglesia, ¿No crees?

Cuando traté de que alguien escribiera un prólogo sobre este libro, no encontré a nadie, y cuando pensé que ya lo había encontrado argumentó que este trabajo no estaba actualizado, ya que me faltaba citar a varios de los autores contemporáneos, aclaro que el propósito de este escrito no fue hacer una historia analítica del movimiento contemporáneo del Iglecrecimiento; sino revisar de una forma práctica y actualizada el libro de los Hechos y a la luz de esos principios mencionar algunos de los movimientos de Iglecrecimiento que adoptan o tienen algunos de los principios establecidos y mencionados en el libro de los Hechos. No pretendí tampoco hacer una exégesis del libro de los Hechos, ya que tampoco fue el propósito.

Así que al no tener prólogo este libro les propongo algo tal vez inusual, pero interesante. No quiero saber qué escribiría alguien famoso o conocido, ni el punto de vista de los especialistas en la materia, me gustaría que escribiéramos el prólogo entre todos, que cada uno de los lectores escriba lo que le llamó la atención, sus propuestas y sugerencias, y me las hagan llegar, y así mi editor las redactará para que de esa manera en la próxima edición del presente libro esté tu punto de vista incluido, ¿qué te parece la idea? Será fabuloso conocer el punto de vista de cada uno de ustedes, y plasmarlo en papel para el conocimiento de muchos, de esa manera cada uno de nosotros aportamos algo pertinente y actual.

Por lo tanto podemos decir que este libro no tiene una presentación o prólogo, tampoco tiene una conclusión final o contundente, ya que como el libro de Hechos; la historia de la Iglesia se sigue escribiendo y cada uno de nosotros será el protagonista.

Recordemos que en el mundo siempre hay tres tipos de personas: el primero es el que no sabe lo que está pasando, el segundo es el que está mirando lo que pasa y el tercer grupo es el protagónico, es el que hace que las cosas sucedan. Mi deseo, pero sobre todo el de Dios es que cada uno de nosotros deje huella en la humanidad, en la sociedad, en la Iglesia, en fin en el entorno que nos rodea.

El segundo libro tratará sobre el crecimiento de la Iglesia contemporánea y sobre el establecimiento de unos principios bíblicos en nuestro contexto e Iglesia. Nuestro anhelo es ayudar y proponer, que si aplicamos los principios bíblicos del Iglecrecimiento con el método de Dios para el lugar en que cada uno de nosotros se encuentre, indiscutiblemente redundará en resultados más allá de los imaginados o alcanzados hasta ahora.

No hay libro, ni experto que tenga la solución perfecta para resolver los problemas que enfrenta la Iglesia hoy en día, tampoco hay una panacea que dé todos los resultados esperados en cada uno de los diferentes lugares del mundo, con diferentes idiosincrasias y culturas, idiomas y razas, ya que eso sería una utopía que nadie puede ofrecer en este tiempo y en cada uno de los lugares del mundo.

Por eso más que nunca se hace urgente y necesario que cada uno dentro de su propio contexto busque al Señor de la mies, para que nos sea revelado la forma, el proceso y el momento (métodos y estrategias) para aplicar los principios establecidos en la Palabra de Dios, para entonces obtener los resultados no esperados por nosotros sino los esperados y buscados por Dios mismo. Nunca olvidemos que el Señor de la mies, el dueño de la Iglesia es el más interesado en que tu iglesia crezca.

Esperamos que cuando este libro esté circulando, parte del sueño y de las propuestas presentadas en este tiempo y contexto se estén desarrollando, y por qué no, ser protagonista principal de los sucesos. ¿A qué nos referimos? a las propuestas que hemos realizado ante los presidentes de universidades cristianas en USA, para que establezcan programas de licenciatura, maestría y doctorado presenciales y en español para capacitar al liderazgo que deberá pastorear a los más de cuarenta millones de hispanos que ya radican aquí. Ya que el liderazgo es parte fundamental del crecimiento de la Iglesia.

Hoy sueño con el momento en que tengamos varios programas uno en cada universidad cristiana de USA, donde se capaciten los líderes de la Iglesia pujante de los fines de los tiempos, en donde todos tengan acceso a la capacitación ministerial, bíblica y teológica para así poder alcanzar, capacitar y enviar a todo el pueblo hispano que radica en USA, para alcanzar al mundo, para preparar la segunda venida del Señor.

¿Quieres tener un papel protagónico en los fines de los tiempos; en la expansión de la Iglesia del Señor Jesucristo, en el liderazgo contemporáneo? Entonces necesitamos volvernos a Dios, buscarle y conocer sus tiempos, sus planes y sus momentos, para entonces poder caminar en el cronos y el kairos de Dios, escuchando así su voz, para conocer cuál es la estrategia que Él tiene para cada uno de nosotros.

La Iglesia del Señor sigue creciendo, no se ha escrito la última palabra, no está escrito el libro final, y tú y yo podemos formar parte de la historia de la Iglesia y del mundo en el tiempo final, espero tus comentarios, aportes y críticas, en el amor de Cristo.

Rev. Miguel Ramírez
E-mail: info@editorialmies.org

Bibliografía

Libros

· Allen, Roland. **La expansión de la iglesia.** Buenos Aires, Argentina: La Aurora, 1970.
· Barber, Cyril J. **El Espíritu ordenó que fuera.** Plainfield, New Jersey: Logos Internacional, 1971.
· Bolton, Robert y Eveyn. **Compartamos las buenas nuevas.** Bélgica: I. I. C., 1987.
· Cho, Paul Yonggi. **Mucho más que números.** Miami, Florida: Editorial Vida, 1985.
· Cho Paul Yonngi. **Los grupos familiares y crecimiento de la Iglesia.** Venezuela: Editorial Libertador, 1974.
· Cho, Paul Yonggi y Manzano Whithey R. **Oración: La clave del avivamiento** U. S. A. Editorial Betania, 1987.
· Duplessis, David J. **El Espíritu me ordenó que fuera.** Planfield, New Jersey: Logos Internacional, 1971.
· D'souza, Antonio. **Como ser un líder.** Barcelona, España: Editorial Clie. 1985.
· Eims, Leroy. **Cómo ser el líder que debería ser.** Barcelona, España: Editorial Clie, 1987.
· Gerber, Virgilio. **Manual para evangelismo y crecimiento de la Iglesia.** Venezuela: Editorial Libertador, 1974.
· Gordon, A. J. **El Espíritu Santo en las misiones.** Barcelona, España: Editorial Clie, 1987.
· Gonzáles, Valentín. **El desafío del Islam.** Barcelona, España: Editorial Clie, 1988.
· Grenway, S. Rogelio. **Apóstoles a la cuidad**, Grand Rapids, Michigan: T. E. L. L., 1981.
· Griffin, Ricardo. **25 años de evangelismo en México.** México, D. F.: Editorial Cuajimalpa, 1986.
· Grubbus, Bruce. **Mi iglesia puede crecer.** U. S. A.: Casa Bautista de Publicaciones, 1985.
· Hammond, Frank, e Ida Mae. **Cerdos en la sala: Guía práctica para liberación.** Bogotá, Colombia: Impresos La Buena Semilla, s/f.
· Hayford, Jack W. **La iglesia del camino.** Miami, Florida: Editorial Vida, 1984.
· Hester, H. I. **Introducción al Nuevo Testamento.** U. S. A.: Casa Bautista de Publicaciones, 1987.
· Howard, C. Rick. **Crecimiento espiritual.** Miami, Florida: Editorial Vida, 1980.
· Hodges, Melvin L. **El crecimiento de la Iglesia.** Miami, Florida: Editorial Vida, 1987.
· Hodges, Melvin L. **Edificaré mi Iglesia.** Miami, florida: Editorial Vida, 1981.
· Hodges, Melvin L. **Una guía para la fundación de Iglesias.** Miami, Florida:

Editorial Vida, 1973.
· Hoover, Willis C. **Historia del avivamiento Pentecostal en Chile.** Valparaíso: Imprenta Excélsior, 1984.
· Jeter de Walker, Luisa. **Siembra y cosecha Tomo uno.** Miami, Florida: Editorial Vida, 1990.
· Jeter de Walker, Luisa. **Siembra y cosecha Tomo dos.** Miami, Florida: Editorial Vida, 1992.
· Kuiper, R. B. **Evangelismo Teocéntrico.** Grand, Rapids, Michigan: T. E. L. L., 1966.
· La Cueva, Francisco. **Nuevo Testamento Interlineal.** Griego-Español, Barcelona, España: Editorial Clie, 1984.
· Larson, Pedro. **Crecimiento de la Iglesia.** U. S. A.: Casa Bautista de Publicaciones, 1989.
· Lerin, Alfredo. **500 Ilustraciones.** U. S. A.: Casa Bautista de Publicaciones, 1984.
· Lewis, Norm. **Prioridad uno, lo que Dios quiere.** Miami, Florida: Editorial Unilit, 1991.
· Miranda, Jesse. **El ministerio de la Iglesia.** Bélgica: I. I. C., 1983.
· Miranda, Juan Carlos. **Manual de Iglecrecimiento.** Miami, Florida: Editorial vida, 1985.
· Moure, Waylon B. **Multiplicación de Discípulos.** U. S. A.: Casa Bautista de Publicaciones, 1981.
· McAlister, Robert W. **El dilema: Liberación o disciplina.** Miami, Florida: Editorial Vida, 1987.
· McGavran, Donald. **El crecimiento de la Iglesia en México.** México, D. F.: Casa Unida De publicaciones, 1966.
· Nee, Wachman. **La Iglesia normal.** España: Editorial Clie, 1985.
· Pate, Larry. **Cómo fundar Iglesias.** Bélgica: I. I. C., 1986.
· Pate, Larry. **Misionología, nuestro cometido transcultural.** Miami, Florida: Editorial: Vida, 1987.
· Philpott, Kent y R. L. Hymers. **El libro de liberación.** Barcelona, España: Editorial Clie, 1980.
· Reeves, Daniel R. y Ronald Jenson. **Avanzando: Estrategia moderna para el crecimiento De la Iglesia.** Barcelona, España: Editorial Clie, 1988.
· Read William R., Víctor M. Monterroso y Harmon A. Johnson. **Avance evangélico en América Latina.** U. S. A.: Casa Bautista de Publicaciones, 1970.
· Smith, Fred H. **La dinámica del Iglecrecimiento.** Miami, Florida: Editorial Caribe, 1993.
· Smith, J. Oswald. **El avivamiento que necesitamos.** Buenos Aires, Argentina. Cruzada Mundial de Literatura, 1961.
· Vásquez, Galo et. al. **Iglesias Mexicanas, hoy y mañana.** U. S. A., 1989.
· Vila, Samuel y Santiago Escuain. **Nuevo Diccionario Ilustrado.** Barcelona, España: Editorial Clie, 1985.
· Wagner, Peter C. **Sus dones espirituales pueden ayudar a crecer a su Iglesia.**

España: Editorial Clie, 1980.
· Wagner, Peter. **Su Iglesia puede crecer.** Barcelona, España: Editorial Clie, 1980.
· Wagner, Peter. **¡Cuidado! Ahí vienen los Pentecostales.** Miami, Florida: Editorial vida, 1973.
· Walker, Alan. **Como crecen.** México: Cupsa, 1980.
· Weld, Waune y McGavran Donald A. **Principios del Iglecrecimiento de la Iglesia.** U. S. A.: William Carey Library, 1973.

Artículos

· Alan R. Tippett. **"Las Misiones del tercer mundo"**, Boletín del Iglecrecimiento. V. II No. 2, (1976) P. 64.
· Costas, Orlando. **"El sentido Bíblico y la fundamentación teológica del crecimiento Eclesial"**, Revista Misión. (I trimestre) marzo 1983. p. 13.
· Miranda, Juan Carlos. **"Llamemos las cosas por su nombre"**, Boletín crecimiento de la Iglesia. (III trimestre) 1977, pp. 129, 130.
· Paredes, Rubén. **"El uso de las ciencias sociales en la Misionología"**, Revista Misión. (I trimestre) marzo, 1983, pp. 15-23.
· Smith, Fred. **"Algunos principios del Iglecrecimiento en los Hechos de los apóstoles"**, Revista Misión. (I trimestre) marzo, 1989, pp. 6-13.
· Wagner G. Peter C. **"Church Growth: More than a man, a magazine, a school, a book"**, Christianity Today, XVIII (Dec. 7, 1973) pp. 11-14.

Materiales Inéditos

· Balius G., Samuel H. **"Teología de la adoración"**, notas adicionales del curso de la Facultad de Teología de las Asambleas de Dios.
· Jiménez, Carlos. **"Iglesia y Sociedad"**, notas adicionales del curso de la Facultad de Teología de las Asambleas de Dios.
· Ramírez, Miguel J. **"El crecimiento de la Iglesia en el Nuevo Testamento"**, trabajo de Investigación realizado para cumplir con los requisitos de la materia: "Historia y Literatura del Nuevo Testamento" de la Facultad de Teología de las Asambleas de Dios en la América Latina, 1994.
· Ramírez, Miguel J. **"Principios bíblicos del Iglecrecimiento"**, trabajo de investigación realizado para cumplir con los requisitos de la materia "Métodos de investigación" de la Facultad de Teología de las Asambleas de Dios en la América Latina, 1990.
· Sariñana Aguilar, Samuel. **"Características de una Iglesia efectiva"**, investigación Realizada por el pastor, para que su iglesia creciera.
· Tamara, Daniel. **"Teología Pastoral"**, curso programado para enseñar en el Instituto "La Fuente" en los Ángeles California.
· Wynarzyk, Hilario H. **"Tres evangelistas carismáticos"**, investigación realizada por un Misionero para conocer el secreto del éxito de estos tres evangelistas, 1989.

OTROS LIBROS DE MIGUEL RAMÍREZ

Finanzas Familiares

Aborda el tema con habilidad para mostrar de manera efectiva cómo poner en práctica los principios bíblicos en el uso y administración de las finanzas familiares. El libro no pretende tener todas las respuestas. Sin embargo contiene conceptos muy acertados para la comprensión global de las finanzas familiares.

Adúlteros Anónimos

El adulterio es un problema social de grandes proporciones, pero también lo es en la esfera social cristiana. Este libro pretende aportar soluciones prácticas para cortar de raíz el problema del adulterio en una persona.

Alcanzando Tus Sueños

Todo mundo tiene sueños pero son pocos los que los alcanzan. Este libro presenta todos los aspectos que intervienen para poder alcanzar nuestros sueños, y expone de manera detallada, paso por paso cómo puedes alcanzar tus sueños.

Supérate, capacítate, actualízate.

La Universidad Cristiana Antioquia te ofrece la oportunidad de hacerlo:

· Hazlo por internet
· Abre un campus en tu iglesia

Tenemos dos niveles para hacerlo:

· **Nivel ministerial**
· **Nivel licenciatura**

Informes:
Tel.: 817- 709- 8497
P. O. BOX 180271
Arlington, TX. 76096-0271
unica_aum@hotmail.com

Organiza un seminario en tu iglesia

Tenemos preparados temas sobre:

· Finanzas
· Familia
· Escuela para padres
· Liderazgo
· Liberación.

Estamos para ayudarte, informes:
Tel.: 817- 709- 8497
P. O. BOX 180271
Arlington, TX. 76096-0271
migueyespe@hotmail.com

www.ingramcontent.com/pod-product-compliance
Lightning Source LLC
Chambersburg PA
CBHW031251290426
44109CB00012B/524